现代职业教育体系建设改革重点任务研究

刘飞飞　孟凡超　著

西南交通大学出版社
·成都·

图书在版编目（CIP）数据

现代职业教育体系建设改革重点任务研究 / 刘飞飞，孟凡超著. -- 成都：西南交通大学出版社，2024.10.
ISBN 978-7-5774-0182-9

Ⅰ. G719.2

中国国家版本馆 CIP 数据核字第 2024KU2322 号

Xiandai Zhiye Jiaoyu Tixi Jianshe Gaige Zhongdian Renwu Yanjiu
现代职业教育体系建设改革重点任务研究

刘飞飞　孟凡超　著

策划编辑	罗在伟
责任编辑	周媛媛
封面设计	GT 工作室
出版发行	西南交通大学出版社 （四川省成都市金牛区二环路北一段 111 号 　西南交通大学创新大厦 21 楼）
营销部电话	028-87600564　028-87600533
邮政编码	610031
网　　址	http://www.xnjdcbs.com
印　　刷	成都勤德印务有限公司
成品尺寸	170 mm × 230 mm
印　　张	9
字　　数	128 千
版　　次	2024 年 10 月第 1 版
印　　次	2024 年 10 月第 1 次
书　　号	ISBN 978-7-5774-0182-9
定　　价	58.00 元

图书如有印装质量问题　本社负责退换
版权所有　盗版必究　举报电话：028-87600562

卷首语

职业教育是一种教育类型，它与普通教育有着不同的培养目标、课程体系、育人方式等，二者具有同等重要的地位和价值。

职业教育是一种就业教育，它以市场需求为导向，紧密对接产业发展和岗位需求，使学生具备从事某种职业或者实现职业发展所需要的职业道德、专业知识、技术技能等职业综合素质，帮助学生实现就业创业和职业发展。

职业教育是一种实践教育，它以能力培养为核心，注重产教融合、校企合作、工学结合，通过实训、实习、实践等方式，让学生在实际劳动中增长才干、提升技能。

职业教育是一种终身教育，它以服务社会为宗旨，为不同年龄、不同层次、不同需求的人群提供多样化、个性化、灵活化的教育服务，支持人们持续学习、终身发展。

职业教育是一种动态教育，它随着社会经济的发展和技术的变革，不断调整专业设置、更新教学内容、改进教学方法，保持教育的时代性和前瞻性。

职业教育是一种开放教育，它与国内外的教育机构、行业组织、企业单位等广泛合作，借鉴吸收先进的教育理念、模式、标准，提升教育的国际化和适应性。

前言

现代职业教育体系建设是我国教育事业发展的重要内容，也是实施教育强国、科技强国、人才强国战略的重要支撑。党的二十大报告明确提出，要"统筹职业教育、高等教育、继续教育协同创新，推进职普融通、产教融合、科教融汇，优化职业教育类型定位"。

本书旨在探讨现代职业教育体系的建设改革，为广大职业教育工作者、学者和政策制定者提供有益的参考和启示。本书第一章将探讨现代职业教育体系建设改革的背景和意义，包括国家战略、政策导向以及职业教育的社会和经济价值。第二章将明确总体目标和基本原则，从全民化、全域化、开放共享和质量优良的角度出发，探讨职业教育的发展方向。第三章将分析现代职业教育体系建设改革的部分重点任务指标，包括市域产教联合体建设、一流核心课程建设、优质教材建设以及校企合作典型生产实践项目建设。第四章将探讨本科层次职业教育的建设，包括其意义、问题与挑战，以及目标与路径。第五章将关注现代职业教育体系建设改革的保障机制和评估体系，以确保职业教育的质量和效益。

衷心感谢所有为本书撰写和出版付出辛勤努力的人员，包括编辑、校对、排版、设计和印刷等各个环节的同仁，你们的专业精神和敬业态度为本书的质量和完整性提供了坚实的保障。此外，诚挚感谢在研究过程中提供帮助和支持的同行、同学和朋友，你们的建议、讨论和鼓励对我产生了积极的影响，使本书的内容更加丰富和深入。

科学技术发展、产业结构调整、国际形势变化、人口问题等都深刻影响职业教育的发展，职业教育的多样性及专业结构的复杂性也深刻影响着现代职业教育体系的构建，加上著者水平有限，本书难免存在不足之处，希望读者批评指正。

刘飞飞

2024 年 1 月

目 录

/第一章/
现代职业教育体系建设改革的背景和意义
  一、国家战略和政策导向 /002
  二、职业教育的社会和经济价值 /006
  三、职业教育的发展现状和问题 /011

/第二章/
现代职业教育体系建设改革的总体目标和基本原则
  一、建设覆盖全民化、服务全域化、开放共享、质量优良的现代职业教育体系 /021
  二、坚持以习近平新时代中国特色社会主义思想为指导，贯彻新发展理念 /029
  三、坚持以学生为中心，因材施教，质量第一 /037

/第三章/
现代职业教育体系建设改革部分重点任务指标分析
  一、市域产教联合体建设指标分析 /045
  二、职业教育一流核心课程（线下）建设指标分析 /053
  三、职业教育优质教材建设指标分析 /060
  四、职业教育校企合作典型生产实践项目建设指标分析 /071

/第四章/
本科层次职业教育建设的思考
  一、本科层次职业教育建设的意义 /083

  二、本科层次职业教育建设的问题与挑战 /091

/第五章/
现代职业教育体系建设改革的保障机制和评估体系
  一、加强组织领导和责任落实，形成央地互动、区域联动、政行企校协同的工作格局 /109

  二、加大财政投入和政策支持，提高职业教育经费保障水平和使用效率 /114

  三、完善法规制度和标准规范，规范职业教育办学行为和管理秩序 /119

  四、构建科学有效的评估体系，促进职业教育质量提升和监督问责 /128

参考文献 /135

第一章

现代职业教育体系建设改革的背景和意义

随着科技的迅速发展，特别是信息技术、人工智能和大数据的广泛应用，劳动力市场对高素质技术技能人才的需求日益增长，这要求职业教育体系适应新技术的发展，培养能够适应未来产业发展的技术型人才。同时，中国面临的人口结构变化，尤其是劳动年龄人口的减少和老龄化问题，也要求职业教育体系更加注重技能培训和终身学习，以提高劳动力市场的灵活性和适应性。此外，中国经济的产业转型升级，从传统制造业向高技术和服务导向型产业转变。为满足经济转型升级的新要求，职业教育通过提升劳动者的技能水平，助力经济转型升级。历史上，中国职业教育的发展经历了从起步到逐步完善的过程，但与经济社会发展的需求相比，仍有较大的提升空间。因此，现代职业教育体系的建设和改革，不仅仅是教育领域的内在要求，更是适应国家宏观经济社会发展的迫切需要。

一、国家战略和政策导向

（一）党的二十大报告中对职业教育的战略定位

现代职业教育体系建设是我国教育事业发展的重要内容，也是实施教育强国、科技强国、人才强国战略的重要举措。党的二十大报告明确提出，要"统筹职业教育、高等教育、继续教育协同创新，推进职普融通、产教融合、科教融汇，优化职业教育类型定位"。

职业教育是培养适应社会和经济发展需要的各类专业技术人才的教育。它是国家教育事业的重要组成部分，是国家人才战略的重要支撑，是国家经济社会发展的重要推动力。在新时代，面对新的历史使命和新的发展要求，要高度重视和大力发展职业教育，为实现中华民族伟大复兴的中国梦提供强大的人才支撑和智力保障。党的二十大报告，从战略高度和全局视野，对职业教育作出了重要部署和指示，为职业教育的改革和发展指明了方向和目标，为职业教育的建设和创新提供了根本遵循和行动指南。

职业教育是培养高素质技术技能人才、能工巧匠、大国工匠的重要途径。在新时代，我国经济社会发展进入了新阶段，对人才的需求更加多元化、高端化、复合化，对人才的质量和能力提出了更高的要求。职业教育，以其灵活的培养模式、实践的教学方式、专业的课程设置、贴近的就业服务，为各行各业输送了大批的专业技术人才，为国家创新驱动和高质量发展贡献了智慧和力量。职业教育培养的人才，不仅具备扎实的专业知识和技能，而且具有良好的职业道德和精神，他们是社会主义建设者和接班人，是国家和民族的脊梁和希望。

职业教育是国民教育体系和人力资源开发的重要组成部分。国民教育体系，是国家教育事业的基本框架，是国家人才培养的总体规划，是国家教育治理的重要依据。人力资源开发，是国家人才战略的核心内容，是国家人才优势的重要来源，是国家人才竞争力的重要保障。职业教育，作为国民教育体系的重要组成部分，与其他教育类型相互补充、相互促进，构成了国家教育事业的多样化和完整性。职业教育,作为人力资源开发的重要组成部分,与其他人才培养渠道相互协调、相互支持,共同支撑起中国式现代化建设的人才需求。

职业教育是促进就业创业、传承技术技能、支撑新发展格局的重要力量。就业创业,是国家经济社会发展的重要指标,是人民群众的切身利益,是社会稳定和谐的重要保障。技术技能,是提升国家竞争力的重要支柱,是国家产业转型的重要支撑,是国家文化传承的重要载体。新发展格局,是国家应对国内外复杂形势的重要战略,是国家实现高质量发展的重要路径,是国家增强国际竞争力的重要举措。职业教育,通过培养适应市场需求的专业技术人才,为广大劳动者提供了就业创业的机会和条件,为国家解决就业问题和提高就业质量提供了人才保障和服务支撑。

职业教育要服务人的全面发展和经济社会发展,以提升职业学校关键能力为基础,以深化产教融合为重点,以推动职普融通为关键,以科教融汇为新方向,有序有效推进现代职业教育体系建设改革,切实提高职业教育的质量、适应性和吸引力。职业教育的目标和任务,是培养适应社会和经济发展需要的各类专业技术人才,是促进人的全面发展和终身学习,是满足人民群众对美好生活的向往。为了实现这一目标和任务,职业教育必须不断改革和创新,构建与时俱进的现代职业教育体系,提高职业教育的内涵和水平。

职业教育要以提升职业学校关键能力为基础,增强职业学校的办学自主权和社会服务能力,提高职业学校的教学质量和管理水平,培养职业学校的师资队伍和教学团队,完善职业学校的硬件设施和教学资源,建立职业学校的质量保障和评价体系,形成职业学校的特色和优势,打造职业学校的品牌和形象。

职业教育要以深化产教融合为重点,加强职业学校与政府、行业、企业的合作,推动职业教育与产业发展、技术创新、市场需求的对接,实现职业教育与社会实践、生产实训、就业创业的融合,促进职业教育与社会需求、人才需求、个人需求的契合,激发职业教育的活力和动力。

职业教育要以推动职普融通为关键，打破职业教育和普通教育的壁垒和隔阂，建立职业教育和普通教育的沟通和交流的渠道和平台，实现职业教育和普通教育的互认和互补的学分和学历，促进职业教育和普通教育的互动和协作的课程和教学，提升职业教育和普通教育的互融和共进的理念和文化。

职业教育要以科教融汇为新方向，加强职业教育的科学研究和理论创新，提高职业教育的科学性和规范性，促进职业教育的科技创新和成果转化，提高职业教育的技术含量和附加值，推动职业教育的科教协同和一体化，提高职业教育的综合实力和国际影响。

（二）国家相关政策文件对职业教育的指导意义

现代职业教育体系建设是国家教育事业的重要组成部分，是国家人才战略的重要支撑，是国家经济社会发展的重要推动力。在新时代，面对新的历史使命和新的发展要求，要高度重视和大力发展现代职业教育，为实现中华民族伟大复兴的中国梦提供强大的人才支撑和智力保障。

《国家职业教育改革实施方案》是国家对职业教育改革的总体规划和指导性文件，该方案提出了职业教育改革的总体要求与目标，即以习近平新时代中国特色社会主义思想为指导，坚持以人民为中心的发展思想，坚持以新发展格局为引领，坚持以改革创新为动力，坚持以质量提升为核心，大力发展职业教育，培养更多的高素质技术技能人才，为建设教育强国和社会主义现代化国家贡献力量。该方案提出了完善国家职业教育制度体系、构建职业教育国家标准、促进产教融合校企"双元"育人、建设多元办学格局、完善技术技能人才保障政策等方面的具体措施，为现代职业教育体系建设提供了制度保障、教学保障、师资保障、资金保障等。

该方案明确职业教育类型定位，坚持面向市场、服务发展、促进就业的办学方向，坚定职业教育定位、属性和特色，培养国家和区域经济社会发展需要的高层次技术技能人才。提升职业教育质量水平，按照高起点、高标准、高质量的原则，建设一批具有国际视野、国内领先、区域支撑、行业引领的高水平高职学校和专业，提升职业教育的社会声誉和国际竞争力。深化职业教育改革创新，推动高职学校与行业企业深度合作，探索产教融合、校企合作、工学结合的新模式，打造技术技能人才培养高地和技术技能创新服务平台。加强职业教育保障支撑，完善职业教育国家教学标准体系，加大财政投入，优化投入结构，鼓励社会资本参与职业教育，建立健全多元化投入机制，提高职业教育的投入效益。健全职业教育管理体制，明确各级政府、各部门、各类主体的职责和权力，加强顶层设计和统筹协调，完善监督评价和考核问责机制，形成有利于职业教育发展的良好氛围。

《关于深化现代职业教育体系建设改革的意见》是党的二十大后，党中央、国务院部署教育改革工作的首个指导性文件，是全面贯彻党的二十大精神、着力破解职业教育改革发展突出矛盾和问题的重大改革，是统筹职业教育、高等教育、继续教育协同创新的重要抓手，是推进职普融通、产教融合、科教融汇的关键步骤，集中体现了党中央、国务院部署职业教育改革新主张、新举措、新机制。该文件提出了一系列新理念、新观点、新判断，破除了"矮化""窄化"职业教育的传统认知，直击改革实践中的难点痛点问题，提出了一体、两翼、五重点的改革思路，即探索省域现代职业教育体系建设新模式，打造市域产教联合体和行业产教融合共同体，提升职业学校关键办学能力、加强"双师型"教师队伍建设、建设开放型区域产教融合实践中心、拓宽学生成长成才通道、创新国际交流与合作机制。该文件体现了党和国家对职业教育的高度重视，是贯彻落实习近平总书记关于职业教育的一系列重要论述的具体行动，是完善现代职业教育体系、推动职业教育高质量发展的根本遵循；体现了职业教育的功能定位，坚持以人为本、能力为重、质量为要、守正创新，服务人的全面发展和经济社会发展，建立健全多形式衔接、多通道成长、可持续发展的梯度职业教育和培训体系，推动职普协调发展、相互融通，培养更多高素质技术技能人才、能工巧匠、大国工匠；体现了职业教育的改革创新，坚持以教促产、以产助教、产教融合、产学合作，推动形成同市场需求相适应、同产业结构相匹配的现代职业教育结构和区域布局，构建央地互动、区域联动,政府、行业、企业、学校协同的发展机制,形成有利于职业教育发展的制度环境和生态;体现了职业教育的开放包容,立足区域优势、发展战略、支柱产业和人才需求,建立健全职业教育国际合作机制,使我国职业教育从"单向引进借鉴"走向"双向共建共享",逐步形成具有中国特色的职业教育国际化发展模式。

中国特色高水平高职学校和专业建设计划(简称"双高计划")是为建设一批引领改革、支撑发展、中国特色、世界水平的高等职业学校和骨干专业(群)的重大决策建设工程,亦是推进中国教育现代化的重要决策,被称为"高职双一流"。该计划的指导意义主要有以下几点:体现党和国家对职业教育的高度重视,是贯彻落实《国家职业教育改革实施方案》的"先手棋",是完善职业教育国家教学标准体系、系统加强专业建设、科学有效引导预期、保证本科层次职业教育试点行稳致远的基础性工作;体现了职业教育的类型定位,坚持面向市场、服务发展、促进就业的办学方向,坚定职业教育定位、属性和特色,培养国家和区域经济社会发展需要的高层次技术技能人才;实现职业教育的质量要求,按照高起点、高标准、高质量的原则,建设一批具有国际视野、国内领先、区域支撑、行业引领的高水平高职学校和专业,提升职业教育的社会声誉和国际竞争力;实现了职业教育的改革创新,推动高职学校与行业企业深度合作,探索产教融合、校企合作、工学结合的新模式,打造技术技能人才培养高地和技术技能创新服务平台。

二、职业教育的社会和经济价值

(一)职业教育在促进就业和经济发展中的作用

职业教育是指以培养适应社会经济发展需要的各类技术技能人才为目的,以职业技能教育和职业技能培训为主要内容的教育类型。职业教育是国民教育体系和人力资源开发的重要组成部分,是培养多样化人才、传承技术技能、促进就业创业的重要途径,在助力高质量发展、推动共同富裕中发挥基础性、

第一章
现代职业教育体系建设改革的背景和意义

战略性支撑作用。职业教育与经济社会发展紧密相连，对促进就业创业、助力经济社会发展、增进人民福祉具有重要意义。

职业教育是提供技术技能人才的主要渠道。技术技能人才是经济社会发展的重要支撑，是推动科技创新、产业升级、区域协调、绿色发展的重要力量。职业教育通过培养适应市场需求、具备专业技能和创新创业能力的高素质人才，为各行各业提供了稳定的人力资源供给。据《中国职业教育发展报告（2012—2022年）》统计，我国职业教育累计为各行各业输送了2亿多高素质劳动者，占全国劳动力总量的近三分之一，其中在现代制造业、战略性新兴产业和现代服务业等领域，一线新增从业人员70%以上来自职业院校。职业教育还通过开展职业技能培训，提升在职人员的技能水平，促进人才结构优化和人力资本增值。

职业教育是促进就业创业的有效途径。就业是民生之本，是社会稳定之基，是经济发展之要。职业教育以就业为导向，以能力为重，以质量为要，为广大劳动者提供了多样化的就业创业选择。职业教育通过与企业、行业、地方的深度合作，实现了产教融合、校企合作、工学结合，提高了学生的就业适应性和竞争力。职业教育通过探索中国特色学徒制、订单培养制、双证书制等模式，为学生提供了更多的就业机会和发展空间。职业教育还通过培养学生的创新创业能力，激发了学生的创业热情和创业潜力。据《中国职业教育发展报告（2012—2022年）》统计，职业学校毕业生年终就业率总体保持在95%以上，其中高职毕业生就业率达到98.5%，中职毕业生就业率达到94.5%。职业教育还为农村转移劳动力、城镇困难群体、退役军人等提供了就业培训和就业服务，为实现更高质量就业、更充分就业、更高水平就业作出了贡献。

职业教育是促进经济社会发展的重要支柱。职业教育与经济社会发展具有高度的相关性和互动性，是经济社会发展的重要推动力和保障力。职业教育通过与产业发展、区域发展、国际合作等紧密对接，为经济社会发展提供了技术技能支撑、技术创新支撑、技术服务支撑。职业教育通过培养立足新发展阶段、贯彻新发展理念、构建新发展格局的技术技能人才，为构建以国内大循环为主体、国内国际双循环相互促进的新发展格局提供了人才保障。职业教育通过培养适应数字化、网络化、智能化的技术技能人才，为推动数字经济、共享经济、平台经济等新业态新模式的发展提供了人才支撑。职业教育通过培养适应绿色发展、循环发展、低碳发展的技术技能人才，为推动生态文明建设、应对气候变化、实现碳达峰碳中和提供了人才支撑。职业教育通过培养适应国际市场、国际规则、国际标准的技术技能人才，为推动共建"一带一路"高质量发展、扩大对外开放、参与国际竞争合作提供了人才支撑。

职业教育是增进人民福祉的重要途径。人民对美好生活的向往是我们的奋斗目标。职业教育以人为本，以人民为中心，以人的全面发展为根本，为人民提供了多样化的教育机会和发展机会，为人民创造了更多的物质财富和精神财富，为人民提高了生活品质和幸福感。职业教育通过提供公平、优质、多样的教育服务，满足了不同层次、不同类型、不同阶段的人才培养需求，为人民提供了终身学习的平台和渠道，为人民提供了实现自我价值的途径和条件。职业教育通过提供高效、稳定、有保障的就业服务，满足了不同群体、不同地区、不同行业的就业创业需求，为人民提供了增收致富的机会和手段，为人民提供了社会保障和社会保险。

职业教育通过提供多元、丰富、有品质的技术服务，满足了不同领域、不同层面、不同方面的社会公共服务需求，促进了安全、健康、文明、和谐的社会环境的建设。

（二）职业教育对提高国民素质和社会稳定的贡献

职业教育是提高国民身体素质的重要手段。身体素质是指人的生理机能、健康状况、体能水平等方面的综合表现，是人的生存和发展的基础。职业教育通过加强体育教育和体育锻炼，培养学生的体育意识和体育习惯，提高学生的体质和体能，增强学生的抗病能力和适应能力。职业教育还通过加强安全教育和安全管理，培养学生的安全意识和安全技能，提高学生的安全防范和应急处置能力，减少事故和伤害的发生。职业教育还通过加强卫生教育和卫生保健，培养学生的卫生意识和卫生习惯，提高学生的卫生水平和卫生素养，预防和控制学生的疾病和传染。

职业教育是提高国民智力素质的重要手段。智力素质是指人的认知能力、思维能力、创新能力等方面的综合表现，是人的学习和工作的基础。职业教育通过加强基础教育和专业教育，培养学生的基本知识和专业技能，提高学生的学习能力和工作能力，增强学生的理解力和应用力。职业教育还通过加强实践教育和创新教育，培养学生的实践能力和创新能力，提高学生的分析力和解决力，增强学生的创造力。职业教育还通过加强信息教育和数字教育，提高学生的获取力和处理力，增强学生的适应力和竞争力。

职业教育是提高国民道德素质的重要手段。道德素质是指人的道德观念、道德情感、道德行为等方面的综合表现，是人的品德的体现。职业教育通过加强思想教育和品德教育，培养学生的社会责任感和职业道德感，提高学生的思想水平和品德水平，增强学生的忠诚度和诚信度。职业教育还通过加强法治教育和规范教育，培养学生的法律意识和规范意识，提高学生的法律水平和规范水平，增强学生的守法度和规范度。职业教育还通过加强文明教育和礼仪教育，培养学生的文明意识和礼仪意识，提高学生的文明水平和礼仪水平。

职业教育是提高国民文化素质的重要手段。文化素质是指人的文化知识、文化能力、文化情趣等方面的综合表现，是人的文化修养和文化品位的体现。职业教育通过加强文化教育和人文教育，培养学生的文化意识和人文意识，提高学生的文化水平和人文水平。职业教育还通过加强语言教育和交流教育，培养学生的语言能力和交流能力，提高学生的语言水平和交流水平。职业教育还通过加强艺术教育和审美教育，培养学生的艺术能力和审美能力，提高学生的艺术水平和审美水平。

职业教育是提高国民创新素质的重要手段。创新素质是指人的创新思维、创新能力、创新精神等方面的综合表现，是人的创新潜力和创新活力的体现。职业教育通过加强创新教育和创业教育，培养学生的创新意识和创业意识，提高学生的创新水平和创业水平，增强学生的创新和创业意愿。职业教育通过加强科技教育和实验教育，培养学生的科技能力和实验能力，提高学生的科技水平和实验水平。职业教育还通过加强项目教育和竞赛教育，培养学生的项目能力和竞赛能力，提高学生的项目水平和竞赛水平。

职业教育是促进社会阶层流动的有效渠道。社会阶层是指社会成员按照一定的标准分成的不同等级或层次，通常以社会地位、职业、收入、教育等作为划分依据。社会阶层流动是指社会成员在不同的社会阶层之间的上升或下降的变动，通常以垂直流动和水平流动来区分。职业教育通过提供公平、优质、多样的教育服务，为不同阶层的人才培养提供了机会和条件，为不同阶层的人提供了实现自我价值的途径和条件。职业教育通过提供高效、稳定、有保障的就业服务，为不同阶层的就业创业提供了机会和手段，为不同阶层的人提供了增收致富的机会和手段。职业教育通过提供多元、丰富、有品质的技术服务，为不同阶层的社会公共服务提供了支持和保障，为不同阶层的人提供了优质的生活和福利。这些都有利于促进社会成员在社会结构中的上升或水平流动，缩小社会差距，增强社会凝聚力和向心力。

职业教育是促进社会教育地位流动的有效渠道。社会教育地位是指社会成员在社会教育结构中所占有的位置，通常以教育程度、教育质量、教育机会等作为衡量指标。社会教育地位流动是指社会成员在不同的社会教育地位之间的上升或下降的变动，通常以教育程度流动和教育质量流动来区分。职业教育通过提供公平、优质、多样的教育服务，为不同教育地位的人才培养提供了机会和条件，为不同教育地位的人提供了实现自我价值的途径和条件。职业教育通过提供高效、稳定、有保障的就业服务，为不同教育地位的就业创业提供了机会和手段，为不同教育地位的人提供了增收致富的机会和手段。职业教育通过提供多元、丰富、有品质的技术服务，为不同教育地位的社会公共服务提供了支持和保障,为不同教育地位的人提供了优质的生活和福利。这些都有利于促进社会成员在社会教育结构中的上升和水平流动。

三、职业教育的发展现状和问题

(一)现阶段职业教育的发展水平分析

在当前全球化和技术驱动的时代,职业教育成为培育专业技能人才的关键途径,对于促进社会经济发展和个人职业成长具有不可替代的作用。随着产业结构的快速变革和新技术的应用,职业教育不仅需要适应这些变化,还要前瞻性地预测和响应未来的市场需求。这要求职业教育体系不断创新和改革,以培养能够适应快速发展且不断变化的工作环境的人才。本节旨在深入分析当前职业教育的发展水平,关注其在适应市场需求、提升教育质量以及实现校企合作方面的表现和挑战,进而强调现代职业教育体系建设改革的必要性。

职业教育的核心在于培育能够满足市场需求的技术和技能人才。为此,职业教育体系必须与时俱进,紧密跟随经济发展和技术革新的步伐。在课程内容的更新方面,应与新兴产业,如数字技术、可持续能源、先进制造等领域紧密结合。这意味着职业教育机构不仅需要更新传统课程,还要引入新的学科领域,如人工智能、云计算、大数据分析等。这些课程的更新和引入,对于学生掌握必要技能,适应未来的工作环境至关重要。同时,职业教育还需要强调实践技能的培养,确保学生能够在实际工作环境中有效应用所学知识。这不仅提升了学生的就业竞争力,也有助于弥补学校教育与企业实际需求之间的差距。

职业教育质量的提升是确保学生就业和职业发展的关键。近年来,许多职业教育机构开始采用互动性更强的教学方法,如项目式学习、模拟实训和混合教学等。这些教学方法不仅增强了学习的趣味性和实用性,还提高了学生的参与度和学习效果。特别是在技术快速发展的今天,传统的课堂教学已经无法满足学生对实践技能的需求。因此，模拟实训和实际操作变得尤为重要，它们能够使学生在类似真实的工作环境中学习，提高其对专业技能的掌握。此外，虚拟现实（VR）和增强现实（AR）等新兴技术的引入为职业教育解决"三高三难"（高投入、高损耗、高风险，难实施、难观摩、难再现）问题提供了新的可能性，使复杂的技术和工艺变得更加直观和易于理解。

校企合作和产教融合是当前职业教育改革的关键方向之一。通过与企业的紧密合作，职业教育不仅可以更准确地把握行业需求，还可以直接将企业的最新技术和工艺引入课堂。例如，企业参与课程设计，提供最新的行业案例，甚至直接参与教学，这些都能确保教育内容与实际工作技能紧密结合。这种校企合作不仅提升了教育的实用性和针对性，也极大地增强了学生的职业适应性和就业能力。同时，产教融合策略还有助于培养学生的创新思维和解决实际问题的能力，这在当前快速变化的工作环境中显得尤为重要。

面对快速变化的市场和技术环境，职业教育在取得进步的同时，也遭遇了一系列挑战。首先，课程内容的及时更新是一大难题。随着新技术和新行业的不断涌现，职业教育必须迅速适应这些变化，更新教学内容和方法。然而，这需要大量的资源和时间投入，且需要与行业保持紧密的联系。其次，师资力量的提升是另一大挑战，尤其是在高技能和新兴技术领域。许多职业教育机构面临着专业师资短缺的问题，这直接影响了教学质量和学生的学习效果。此外，尽管职业教育在培养实用技能方面具有显著优势，但其在社会上的认可度仍有待提高。这些挑战要求职业教育体系进行更深入的改革，以提升其吸引力和实效性。

未来，职业教育的发展将更加重视与市场需求的紧密结合和教育质量的持续提升。改革的关键方向之一是加强与行业的合作，确保教育内容的实时更新和实用性。这不仅需要职业教育机构和企业之间的密切合作，还需要政策层面的支持，如提供必要的资金和资源。同时，加强师资培训，特别是在新兴技术领域，将成为提升教育质量的重要环节。此外，提高社会对职业教育的认可度也至关重要。通过强化职业教育在促进职业发展和社会经济增长中的作用，可以吸引更多的学生和家庭选择职业教育。政府和教育机构应当共同努力，通过宣传和政策引导，提升职业教育在社会中的地位和价值。

职业教育在当今社会经济发展中扮演着至关重要的角色。它不仅是培养专业技能人才的关键途径，也是推动经济发展和技术革新的重要力量。通过深入分析职业教育的当前发展水平，我们可以看到其在适应市场需求、提升教育质量、实现校企合作等方面所取得的进步，以及面临的挑战。面对不断变化的市场和技术环境，职业教育体系的不断改革和创新显得尤为重要。未来的职业教育将更加重视实用性、灵活性和创新性，为学生和社会创造更多的价值。因此，全面推进职业教育体系的改革，不仅是教育领域的需求，更是社会经济发展的必然要求。

（二）职业教育面临的主要问题与挑战

职业教育当前面临的五大主要挑战：第一是产业转型升级带来的技能人才供给不足问题，这直接关系到职业教育是否能满足现代社会对高技能人才的需求；第二是智能时代去技能化的问题，这一挑战要求职业教育不仅要关注传统技能的培养，还要注重新技能的发展；第三是少子化和人口老龄化对职业教育构成的挑战，这要求职业教育系统进行调整，以适应人口结构的变化；第四是职业教育在实现特色化、差异化发展方面的困难，这涉及教育内容的多样性和适应性；第五是职业教育在因材施教方面的不足，这关乎教育质量和学生个性化发展的问题。

对这些挑战的深入分析，将有助于我们更好地理解职业教育的现状，为其未来的发展提供参考和指导。职业教育的挑战是多方面的，涵盖了从政策制定、课程设计、教学方法到教师培训和评估体系等各个层面。这些挑战的核心在于如何使职业教育更好地适应经济和社会的需求，同时提高其教育质量和效率。

在全球化和技术驱动的时代背景下，职业教育的发展不仅要考虑本国的经济和社会特点，还需考虑到国际趋势和标准。因此，职业教育面临的挑战也具有全球性的特点，需要通过国际合作和交流来共同应对。

在全球经济日益依赖高技术和知识密集型产业的背景下，对高技能人才的需求不断增长。然而，职业教育系统在满足这一需求方面面临着严峻的挑战。首先，课程内容与市场需求存在一定程度的脱节。当前的职业教育课程往往缺乏对新兴产业，如人工智能、生物技术、绿色能源等领域的关注，导致学生无法及时获取与这些领域相关的知识和技能。此外，许多课程内容仍停留在传统的工业技能培训上，未能有效反映市场的最新动态和技术进步。其次，教学方法和手段的滞后同样限制了职业教育在培养高技能人才方面的能力。在很多情况下，职业教育机构缺乏更新的教学设施和技术资源，导致教学内容无法与实际工作环境保持同步。例如，对于新材料、新能源等领域的教学常常缺乏实际操作的机会，这对学生理解和掌握这些领域的知识和技能构成了障碍。再次，师资力量的不足也是一个关键问题。优秀的专业教师是职业教育质量的保障，然而，许多职业学校面临专业教师短缺的问题，尤其是在高新技术领域。这些领域的教师往往需要具备深厚的专业知识和实践经验，但这些条件往往难以在传统的教育体系中得到满足。因此，职业教育机构在吸引和培养这类教师方面也面临着巨大挑战。最后，职业教育与产业界的脱节也是导致技能人才供给不足的一个重要原因。职业教育需要与产业界保持紧密的联系，以确保教育内容与市场需求保持一致。然而，很多职业教育机构缺乏有效的机制来建立和维护这种联系，导致教育内容无法及时反映市场的最新需求。

要解决这些问题，需要从课程设计、教学方法改革、师资队伍建设和产教融合等多个方面入手，以确保职业教育能够有效地培养符合市场需求的高技能人才。

/ 第一章 /
现代职业教育体系建设改革的背景和意义

智能时代的到来带来了劳动力市场技能需求的重大变革。随着人工智能、机器学习、自动化技术的飞速发展,传统的手工和重复性技能正在被机器和智能系统替代,这对职业教育构成了巨大的"去技能化"挑战。面对这一挑战,职业教育需要进行根本性的调整和创新,以培养学生适应智能时代的新技能。首先,课程内容需要重点关注新兴技术领域,如人工智能、数据分析、云计算等,这些领域的技能需求日益增长。职业教育机构需要更新课程内容,引入与这些领域相关的知识和技能培训,以确保学生能够适应未来工作环境的需求。其次,培养学生的创新能力、批判性思维和适应性学习能力也成为职业教育中不可或缺的部分。这些能力对于学生理解和适应快速变化的技术环境至关重要。再次,教学方法的创新同样至关重要。职业教育机构需要采用更多基于项目的学习和实际案例分析的方法,以提高学生的实际问题解决能力和创新思维能力。通过这种方法,学生不仅能够学习具体的技能,还能够培养分析和解决复杂问题的能力。最后,职业教育还需加强与企业的合作,了解最新的技术发展趋势和行业需求。这种合作不仅能够帮助教育机构及时更新课程内容,还能为学生提供实习和实训的机会,使他们能够在实际工作环境中应用所学知识和技能。

然而,智能时代的去技能化挑战也带来了对教育资源和师资的新需求。职业教育机构需要投入更多的资源来更新教学设施和技术,同时也需要培训和吸引掌握新技能的教师。这不仅是资源上的挑战,而且是对职业教育体系能力和灵活性的考验。智能时代的来临要求职业教育进行深刻的变革,以应对去技能化的挑战。这包括更新课程内容、创新教学方法、加强与企业的合作,以及投入更多资源来提升教育质量。只有通过这些措施,职业教育才能有效地培养出适应智能时代的高技能人才。

少子化和人口老龄化是当代全球许多国家面临的重大社会问题,对职业教育体系造成了深远的影响,图1-1为1949年以来我国人口出生率变化。

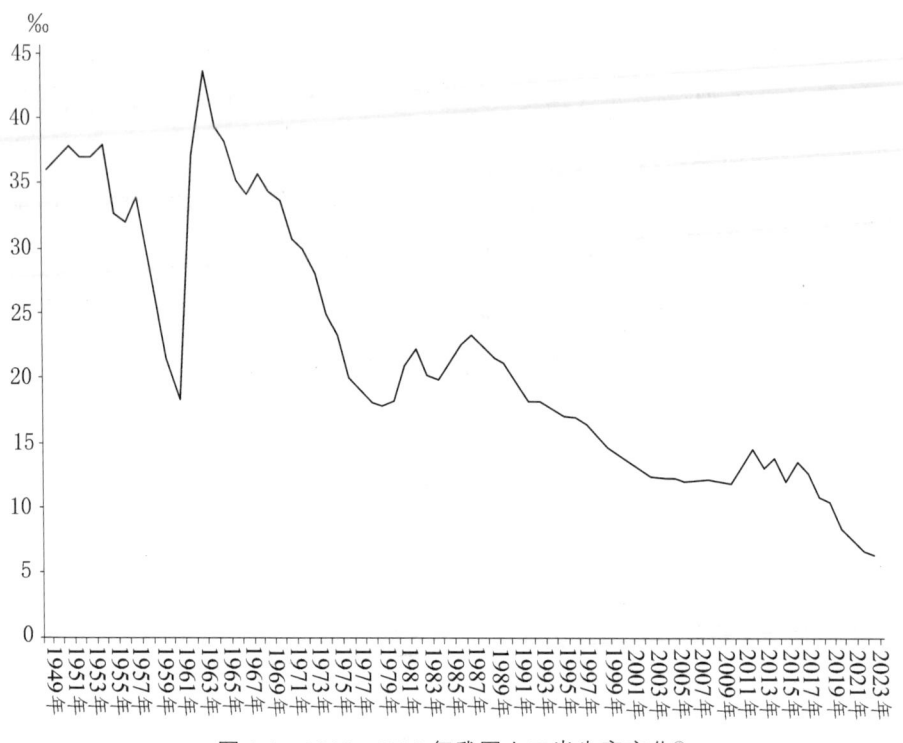

图 1-1　1949—2023 年我国人口出生率变化①

　　这一趋势不仅导致潜在学生数量的减少，而且对职业教育的课程内容和教学方法提出了新的要求。随着少子化现象的加剧，职业教育机构面临着学生来源的减少，这直接影响了其运营和发展。学生数量的减少可能导致某些课程或专业因生源不足而被迫取消，同时也减少了教育机构的收入，影响其投资和发展新课程的能力。此外，学生群体的减少还可能导致课程多样性和选择的减少，从而影响教育质量和学生满意度。老龄化社会对职业教育的影响则主要体现在对特定技能和知识的需求上。随着人口老龄化，对医疗保健、养老服务等领域的专业技能人才的需求显著增长。这要求职业教育机构调整课程设置，增设或强化这些领域的专业培训。同时，老龄化社会还需要对中老年人进行再教育和技能更新，以便他们能够适应不断变化的劳动力市场。

---

① 来源于《中国人口形势报告（2024 年）》。

这对职业教育机构提出了新的挑战,即如何为不同年龄段的学习者提供适宜的教育内容和教学方法。此外,少子化和人口老龄化还要求职业教育机构采取更加灵活和创新的教学方式。例如,对于中老年学习者,更加注重灵活地安排学习时间,可以提高其学习的可接受性和便利性。同时,职业教育机构还需要强化终身学习的概念,鼓励学习者在整个职业生涯中不断学习和更新技能。总之,少子化和人口老龄化给职业教育带来了一系列挑战,包括课程内容的调整、教学方法的创新以及对不同年龄段学习者的适应。职业教育机构需要采取创新的策略和方法以应对这些挑战,确保能够满足社会和经济发展的需求。

特色化和差异化是现代职业教育发展的重要趋势,对提高职业教育的整体质量和吸引力具有重要意义。特色化教育指的是学校根据地区经济特点、产业结构和市场需求,打造具有独特优势的教育品牌和专业。这可能表现为开设独特的专业方向、建立创新的课程体系,或采用先进的教学模式。例如,边疆地区职业学校可开展服务边境贸易的专业,而一些工业城市的职业学校则可能着重培养高端制造人才。差异化教育则是指学校之间通过发展不同特色,形成各自的办学优势和竞争力,避免同质化竞争。这种策略不仅有利于学校的可持续发展,也能为学生提供更多样化的教育选择。

然而,实现特色化和差异化教育充满挑战。首要的问题是资源限制。许多职业教育机构缺乏足够的资金投入来发展特色专业、更新教学设备或引进高水平师资。其次,产教融合不足也是一大障碍。缺乏与地方产业和企业的深度合作,使得学校难以准确把握行业需求,开发真正具有特色和市场竞争力的课程体系。最后,政策环境和评估机制也可能制约学校的创新。过于僵化的教育政策和以就业率为主导的评估体系,可能导致学校趋于保守,不敢大胆创新。

为克服这些挑战,需要多方共同努力。首先,政府应该制定更加灵活的政策,为职业教育机构提供更多自主权,同时通过财政支持、税收优惠等方式鼓励学校发展特色。其次,应该建立更加完善的产教融合机制,鼓励企业深度参与职业教育，共同开发符合市场需求的特色课程。再次，需要改革评估体系，不仅关注就业率，还要重视学校的创新能力和特色发展。最后，学校自身也要加强战略规划，明确自身定位，根据本地区经济发展需求和自身优势，制定长远的特色化发展计划。

在学生培养层面，因材施教是职业教育的一个基本原则，强调根据学生的个体差异提供个性化的教育。这一理念认为每个学生都有独特的学习需求、兴趣和潜力，教育应该尊重并培养这些个体差异，而不是试图将所有学生塑造成同一模式。在职业教育中，因材施教尤为重要，因为学生的职业志向、实践能力和学习基础往往差异较大。

然而，当前许多职业教育机构在实施因材施教方面面临诸多困难。首要问题是教育体系和课程设计的标准化。现行的课程体系往往过于刚性，难以适应学生的个性化需求。许多职业教育机构采用"一刀切"的教学模式，忽视了学生在学习风格、兴趣和能力上的差异，这不仅限制了学生潜能的发挥，而且降低了学习的有效性和趣味性。

其次，教师在实际教学中往往缺乏实施因材施教所需的资源和支持。大班额教学、有限的时间和资源条件，使得教师难以为每位学生提供个性化的关注和指导。此外，许多教师缺乏进行个性化教学的专业技能，现有的教师培训体系也未能充分重视这一方面的能力培养。

评估和考核制度也是影响因材施教实施的重要因素。当前的评估体系往往过于强调统一标准，这可能导致教学内容和方法的同质化，不利于学生多元化能力的培养和评价。标准化考试可能忽视了学生在实践能力、创新思维等方面的表现，从而影响了职业教育的全面性和有效性。社会和家庭对职业教育的期望也在一定程度上制约了因材施教的实施。过度关注就业率和短期技能掌握，可能导致职业教育机构和教师忽视学生的长远发展和个性化需求。这种功利化倾向不利于学生综合素质的培养和可持续发展能力的形成。

要解决这些问题，需要采取系统性的改革措施。首先，应该推动课程体系的弹性化改革，增加选修课程，允许学生根据兴趣和职业规划自主选择学习内容。其次，要加强教师培训，提高其实施个性化教学的能力，同时为教师提供更多的资源支持和激励机制。再次，需要改革评估体系，引入多元化的评价标准，重视过程性评价和能力导向评价。又次，还应该加强职业生涯规划教育，帮助学生更好地认识自己，明确发展方向。最后，需要通过多种渠道提高社会对职业教育的认识，使人们更加重视学生的全面发展和个性化培养，而不仅仅关注短期就业。通过这些措施，职业教育可以更好地实现因材施教，培养出适应性强、创新能力突出的技能型人才，为学生的长远发展和社会经济的可持续发展作出贡献。

第二章

现代职业教育体系建设改革的总体目标和基本原则

现代职业教育体系建设要坚持以人为本、能力为重、质量为要、守正创新，建立健全多形式衔接、多通道成长、可持续发展的梯度职业教育和培训体系，推动职普协调发展、相互融通，让不同禀赋和需要的学生能够多次选择、多样化成才；坚持以教促产、以产助教、产教融合、产学合作，延伸教育链、服务产业链、支撑供应链、打造人才链、提升价值链，推动形成同市场需求相适应、同产业结构相匹配的现代职业教育结构和区域布局；构建央地互动、区域联动，政府、行业、企业、学校协同的发展机制，试点区域在现代职业教育体系建设改革上先行先试、率先突破、示范引领，形成制度供给充分、条件保障有力、产教深度融合的良好生态。

/ 第二章 /
现代职业教育体系建设改革的总体目标和基本原则

一、建设覆盖全民化、服务全域化、开放共享、质量优良的现代职业教育体系

(一) 职业教育全民化、全域化发展目标的具体内涵

全民化职业教育的核心在于为所有社会成员提供均等的教育机会,从而促进技能型社会和学习型社会的发展。这种教育模式不仅要关注传统意义上的学生群体,还需扩展至社会的每一个角落,包括在职工人、农民、退伍军人、城市失业者等。通过这种广泛覆盖,全民化职业教育有助于构建一个更加包容和多元的社会,其中每个人都有机会实现个人价值和职业发展。

在技能型社会中,全民化职业教育起到至关重要的作用。随着经济结构的转型和劳动力市场的变化,对高技能和专业化人才的需求不断增长。全民化职业教育通过提供必要的技能培训和专业知识,为人们适应这些变化提供了支持。以德国的双元制教育体系为例,这种模式将理论学习与实际工作经验结合起来,使学生能够获得与市场紧密相关的技能,从而提高就业率和职业稳定性。

在学习型社会的构建中,全民化职业教育的角色同样不可或缺。学习型社会强调终身学习的重要性,鼓励个人在整个职业生涯中不断学习和自我提升。全民化职业教育为这一目标提供了平台和资源。它不仅服务于传统的学生群体,还为成年人提供再教育和职业转型的机会。这种教育模式有助于提高劳动力的整体素质,促进创新和社会经济的发展。此外,全民化职业教育在促进社会公平和经济发展方面扮演着关键角色。通过为所有人提供平等的教育机会,它有助于减少社会经济差距,提升社会整体的生活水平。例如,通过职业教育,低收入和边缘群体可以获得提升技能、改善生活状况的机会,从而减少社会不平等。在实施全民化职业教育时,政策制定者和教育机构需要考虑如何有效整合资源,提供多样化和灵活的教育模式,以适应不同群体的需求。这包括建立更加开放和包容的教育体系,提供线上和线下相结合的

学习方式，以及开发针对特定群体的定制化课程。同时，还需强化与企业和行业的合作，确保教育内容与劳动力市场的需求一致。全民化职业教育的成功实施不仅能够提升个人的技能和知识，还能促进社会经济的健康发展，为构建更加公平和繁荣的社会打下坚实的基础。

全域化职业教育的核心理念在于将职业教育的影响力扩展至社会的每一个角落，无论是城市还是乡村，工业区或是服务业区域，确保每个地区都能从职业教育的发展中受益。这一理念的实施对于构建全面、均衡发展的社会经济结构至关重要。它不仅有助于实现区域发展的均衡，还能够促进经济多元化，减少地区间的发展差距。全域化职业教育的策略涉及多个层面。首先，需要政府在政策上给予支持，比如通过财政投入和立法措施，鼓励和引导职业教育资源向较为落后的地区倾斜。例如，河南职业技术学院通过构建"三融六建一通"高素质农民培育新模式，将高质量的职业教育资源引入农村和偏远地区，有效缓解了地区之间的教育资源不均衡问题。其次，职业教育机构需要与地方政府和企业建立紧密的合作关系。这种合作可以帮助教育机构更好地了解各地区的具体需求，从而提供更加贴合当地经济发展的课程和培训。例如，职业学校可以根据地方主导产业的特点，设计相关的课程和培训项目，为当地产业发展培养所需人才。再次，全域化职业教育还需要采用创新的教学方法和技术，如远程教育和在线课程，以覆盖更广泛的地区和人群。这种方法特别适合偏远地区，可以弥补物理距离带来的限制，确保边远地区的居民也能享受到高质量的职业教育资源。最后，在实施全域化职业教育时，还需要考虑地区间的差异性，制订具有地方特色的教育计划。不同地区的经济结构和产业特点各异，职业教育内容和方法应当与之相适应，以确保教育的实用性和有效性。综上所述，全域化职业教育的实施对于实现经济社会的均衡发展具有重要意义。通过这种教育模式，可以促进地区间的人才流动和资源共享，加强不同地区间的联系，促进全社会的和谐发展。

开放共享机制在现代职业教育体系中占据着核心地位。该机制的基本理

/ 第二章 /
现代职业教育体系建设改革的总体目标和基本原则

念是通过资源共享和协作，提高职业教育的效率和质量，同时为更广泛的群体提供学习机会。开放共享机制包括多个方面，如课程资源的共享、教学设施的互用，以及教育机构之间的合作。课程资源共享是开放共享机制的一个重要组成部分。通过共享优质课程资源，不同的教育机构可以充分利用现有资源，提高教育效率。例如，一些高等职业院校和技师学院可以共享专业课程资源，使得学生能够通过网络平台访问到更多高质量的课程内容。此外，开放课程资源也可以通过在线教育平台向公众开放，使更多人能够自由地获取职业教育资源。教学设施的互用是开放共享机制的其中一部分。不同的职业教育机构可以通过共享实验室、训练设施等硬件资源，使学生能够接触到更先进的教学设备，提高学习效果。同时，这种共享还能提高资源利用率，减少重复建设，降低教育成本。教育机构之间的合作也是开放共享机制的一个重要方面。通过校际合作，教育机构可以共同开发课程、共享教师资源、交换学生等，这不仅能够提高教育质量，还能促进不同教育机构之间的交流和学习。此外，教育机构还可以与企业合作，共同开发符合市场需求的课程，提高学生的就业能力。

开放共享机制对于促进教育公平也具有重要意义。通过共享资源，尤其是将优质教育资源通过网络平台向边远地区和弱势群体开放，可以缩小不同地区和群体之间的教育差距，提高教育的整体水平。构建职业教育的开放共享机制需要综合考虑课程资源共享、教学设施互用以及教育机构间的合作等多方面因素。通过这种机制，可以有效提高教育资源的利用效率，促进教育公平，提升职业教育的整体质量。

提升职业教育质量是实现全民化和全域化职业教育目标的关键。为此，需要采取一系列策略和措施，确保职业教育不仅普及而且高效有效。首先，课程设计的现代化和与时俱进是提升职业教育质量的基础。职业教育机构需要不断更新课程内容，以符合当前和未来市场的需求。这包括引入新技术、新方法的教学内容，如数字技术、绿色能源技术等，以及强化创新思维和批判性思维的培养。例如，一些职业学校已经开始引入 VR 和 AR 技术，使学生能够在模拟环境中学习复杂的技术和工艺。其次，教师的专业发展和培训是提升教育质量的关键。优秀的教师队伍不仅需要具备专业知识，还要具备良好的教学技能和持续学习的能力。因此，职业教育机构需要加大对教师培训的投入，提供定期的专业发展机会，鼓励教师参与行业实践和学术研究。同时，教师评价体系也应当将教学创新能力和学生指导能力列入考核范围。再次，加强与行业界的合作同样至关重要。通过校企合作，职业教育机构可以更好地了解行业需求，设计符合实际工作需求的课程和项目。企业可以参与课程设计、提供实习机会，甚至参与教学，以确保教育内容的实用性和时效性。又次，学生的评估和考核机制的改革也是提升职业教育质量的一个重要方面。评估机制应当能够全面反映学生的学习成果和技能掌握情况，而不仅仅是基于传统的考试成绩。例如，可以采用项目评估、技能展示等方式，更加全面地评价学生的综合能力。最后，技术的运用在提升职业教育质量方面发挥着越来越重要的作用。利用在线平台、大数据分析等技术，不仅可以扩大教育资源的覆盖范围，还可以提高教育的个性化和互动性。提升职业教育质量需要从课程设计、教师培训、校企合作、评估机制改革以及技术应用等多个方面入手。通过这些策略和措施，可以确保职业教育不仅普及，而且质量优良，满足社会和经济发展的需求。

　　实施全民化、全域化职业教育虽具有重要意义，但在实际操作中也面临着诸多挑战。针对这些挑战，需要采取有效的应对策略，以确保职业教育改革的成功实施。首先，资源分配的不均是全民化、全域化职业教育面临的主要挑战之一。特别是在偏远和经济欠发达地区，教育资源的稀缺使得实施高质量的职业教育变得困难。为应对这一挑战，需要政府在政策和财政上给予更多支持，比如通过财政补贴和税收优惠鼓励教育资源向这些地区倾斜。同时，可以探索通过远程教育和数字技术提升这些地区的教育质量。其次，保证教育质量的同时实现普及化也是一个重要挑战。在追求全民覆盖的过程中，可能会出现教育质量下降的问题。为了解决这个问题，职业教育机构需要加强教师培训，更新教学内容和方法，同时引入质量监控和评估机制，开展增值评价，确保教育质量的持续提升。再次，实现教育的个性化和差异化也是全民化、全域化职业教育的挑战之一。在覆盖面广泛的情况下，如何满足不同学生的个性化需求变得尤为重要。为此，职业教育机构可以采用灵活多样的教学方法，如翻转课堂、项目式学习等，同时提供更多个性化的学习路径和课程选择，以适应不同学生的需求。面对技术发展带来的挑战，如智能化和自动化对职业技能的影响，职业教育机构需要不断更新课程内容，加强与行业的合作，确保教育内容与市场需求相符。最后，需要关注新兴技能的培养，如数字素养、创新思维等，为学生适应未来的劳动力市场做好准备。全民化和全域化职业教育的实施需要综合考虑资源分配、教育质量保障、教育个性化和技术发展等多方面因素。通过政策支持、资源投入、教育创新和技术应用，可以有效应对这些挑战，促进职业教育体系的健康发展。

（二）职业教育开放共享机制的构建

在全球化和信息化的今天，数字资源共享在职业教育中扮演着日益重要的角色。数字资源共享指的是通过互联网平台共享教学内容、课件、教学视频等数字化教育资源，以便学习者无论身处何地都能够访问和利用这些资源。这一机制的发展极大地增强了职业教育的可及性和灵活性，尤其是对于偏远地区或资源有限的环境而言，意义重大。数字资源共享的一个核心优势在于它能够极大地提高教育资源的利用率。传统的教育资源，如教科书和实验材料，往往受限于物理位置和数量，而数字资源可以被无限复制并在互联网上广泛传播。例如，国家精品在线开放课程项目通过提供高质量的在线课程资源，使得全国各地的学生都能接触到一流的教学内容。此外，数字资源共享还有助于提升教育质量。通过共享优质资源，教育机构不再需要花费大量时间和资金去独立开发课程内容，而可以将更多精力投入到教学方法的创新和学生能力培养上。这一点在国家精品在线开放课程的建设中得到了充分体现，该项目汇聚了全国众多高校的优质课程资源，为学生提供了广泛的学习选择。

然而，实现有效的数字资源共享也面临着诸多挑战。首先是如何确保共享资源的质量和适用性，需要建立一套标准化的评估和审核机制。其次，技术平台的建设和维护也需要投入相应的资源。此外，还需要考虑如何激发和保持教师和学生对于这些数字资源的兴趣和参与度。尽管存在挑战，数字资源共享的前景仍然广阔。随着技术的不断进步，我们可以预见到一个更加开放、互联的职业教育环境，每个人都能够轻松地访问和利用高质量的教育资源。

虚拟仿真技术的应用在职业教育领域正成为一种趋势，它通过创造模拟的工作环境，为学生提供了一个安全、可控且成本效益高的学习平台。虚拟仿真的共享不仅提高了教育资源的利用效率，还拓宽了学生的学习范围，特别是在那些需要复杂设备和安全控制的专业领域，如化工、建筑和医疗等。虚拟仿真技术允许学生在一个接近真实的环境中进行操作和实验，而不需要担心安全风险或高昂的材料费用。例如，在虚拟仿真实验室，学生可以模拟操作工业机械、进行化学实验，甚至进行外科手术的练习。这种实践提供了宝贵的学习经验，有助于学生更好地理解理论知识，并将其应用于实际操作中。共享的虚拟仿真平台使得这种先进的教学方法不再受限于特定学校或地区。通过搭建跨学校甚至跨地区的虚拟仿真平台，学校可以共享高质量的仿真软件和课程，让更多的学生受益。例如，在高等教育中实施的虚拟教研室，为偏远地区的高校教师提供了协作和培训的机会。然而，虚拟仿真共享的实施也面临着一些挑战，例如如何确保技术的更新和维护，以及如何培训教师有效地使用这些技术。此外，对于一些尚未广泛采用虚拟仿真技术的地区或学校，初期的投资成本可能是一个问题。未来，随着技术的不断进步和成本的降低，我们可以预见虚拟仿真技术将在职业教育中扮演越来越重要的角色。它不仅能提高教学质量和效率，还能为学生提供更多样化和个性化的学习体验。

专业教学资源库的建设是实现职业教育资源共享的关键一环。这些资源库通常包含丰富的课程设计、案例研究、实操指南等教学材料，旨在为教师和学生提供全面的教学和学习支持。例如，教育部推出的"国家职业教育资源库"就是一个典型的案例。截至 2021 年，该资源库已汇聚了数以千计的课程资源，涵盖了各个职业领域，为全国职业教育的标准化和现代化提供了强有力的支持。资源库的建设不仅提高了教育内容的质量和标准化水平，而且有助于教师的专业发展。通过访问资源库，教师能够了解最新的教学方法和行业动态，从而不断提升自身的教学能力。此外，资源库还促进了教学方法的创新，如借助案例研究和互动式学习工具，增强学生的实践能力和问题解决技能。然而，资源库的建设和维护也面临诸多挑战，如确保内容的及时更新、保持高质量标准，以及提高教师和学生的参与度。为此，需要建立一套有效的管理和更新机制，同时通过定期的培训和研讨会鼓励教师积极利用这些资源。展望未来，随着技术的进步和教育需求的多样化，职业教育专业教学资源库将继续扩大其影响力和覆盖范围，为更多的教育机构和学习者提供高质量的教学资源。

市域产教联合体和行业产教融合联合体在职业教育开放共享机制中发挥着至关重要的作用。这些联合体通过整合教育和产业资源，促进了教育内容与市场需求的紧密对接，同时为学生提供了实际的工作经验和就业机会。以市域产教联合体为例，这种模式通常涉及地方政府、教育机构和企业之间的紧密合作。在这种模式下，企业不仅提供实习机会，还参与课程设计和教学过程，确保教育内容与实际工作需求相符合。例如，浙江省宁波市实施的"宁波模式"成功整合了地方政府、教育机构和企业的资源，共同开发适应地方产业发展的职业教育课程和培训项目，促进了当地经济的发展和人才的培养。行业产教融合联合体则更侧重于特定行业领域的教育与产业融合。通过行业协会和企业的参与，这些联合体能够提供更专业化和针对性强的培训内容。其中，中国特色学徒制项目就是行业产教融合的典型代表，它通过企业与职业学校的合作，为学生提供了系统的技能培训和实际工作经验，大大提高了学生的就业能力和专业技能。然而，构建有效的市域产教联合体和行业产教融合联合体也面临着一系列挑战，例如如何确保教育与产业需求的精准对接、如何平衡不同参与方的利益，以及如何维持长期稳定的合作关系。解决这些挑战需要政府、教育机构和企业之间的密切协作和持续沟通，同时也需要明确的政策支持和合理的激励机制。未来，市域产教联合体和行业产教融合联合体将继续在职业教育领域发挥重要作用。随着市场需求的不断变化和技术的快速发展，这些联合体将更加注重灵活性和创新性，以适应快速变化的教育和产业环境。

  实施职业教育的开放共享机制虽然充满机遇，但也面临着一系列挑战。首先，技术标准和平台的统一是一个主要的挑战。为了实现有效的资源共享，需要有一套共同的技术标准和兼容的平台，以便不同机构之间能够顺畅地交换和利用资源。例如，不同教育机构所使用的教学管理系统和在线平台可能存在兼容性问题，这需要技术上的统一和标准化。其次，知识产权的保护也是共享机制面临的一个重要问题。在共享数字资源和教学内容时，必须确保原创内容的作者或机构的权益得到保护。这要求建立一套明确的知识产权管理和使用规范，以避免潜在的版权冲突。最后，资源共享的质量控制也是一个挑战。共享资源的质量直接影响教育的效果，因此需要建立一套严格的质量控制机制，确保共享的教学资源达到一定的标准。例如，对于在线开放课程，应设立评审委员会对课程内容进行审核和评估，以保证其教学质量。面对这些挑战，政策支持和技术创新将是推动职业教育开放共享机制发展的关键。政府可以通过制定相关政策和提供资金支持，促进资源共享平台的建设和标准化。同时，技术创新，如云计算、大数据分析等，将为资源共享提供更多可能性，增强教育资源的可及性和个性化服务。未来，随着技术的不断进步和教育需求的多样化，职业教育的开放共享机制将持续发展和完善。我们可以预见到一个更加互联、高效和个性化的职业教育体系，其中资源共享不仅促进了教育的普及，也提升了教育质量，最终推动了社会经济的全面发展。

二、坚持以习近平新时代中国特色社会主义思想为指导，贯彻新发展理念

（一）学习贯彻习近平新时代中国特色社会主义思想对职业教育发展的指导意义

习近平新时代中国特色社会主义思想为职业教育的发展提供了全面的理论指导和实践路径。习近平总书记在 2014 年全国职业教育工作会议上就加快职业教育发展作出重要指示：职业教育是国民教育体系和人力资源开发的重要组成部分，是广大青年打开通往成功成才大门的重要途径，肩负着培养多样化人才、传承技术技能、促进就业创业的重要职责，必须高度重视、加快发展……要牢牢把握服务发展、促进就业的办学方向，深化体制机制改革，创新各层次各类型职业教育模式，坚持产教融合、校企合作，坚持工学结合、知行合一，引导社会各界特别是行业企业积极支持职业教育，努力建设中国特色职业教育体系。要加大对农村地区、民族地区、贫困地区职业教育支持力度，努力让每个人都有人生出彩的机会。[①]

习近平总书记要求各级党委和政府要把加快发展现代职业教育摆在更加突出的位置，更好支持和帮助职业教育发展，为实现"两个一百年"奋斗目标和中华民族伟大复兴的中国梦提供坚实人才保障。[②]

在实施这些指导原则的过程中，职业教育的发展面临着重大机遇和挑战，如何将这些理论原则转化为具体的教育实践，如何在培养技术技能的同时注重学生的全面发展，成为职业教育改革和发展的关键任务。职业教育的发展不仅关系到经济的持续健康发展，还关系到社会的全面进步和国家的长远利

[①②] 新华网：《习近平：加快发展职业教育 让每个人都有人生出彩机会》，2014 年 6 月 23 日，http://www.xinhuanet.com/politics/2014-06/23/c_1111276223.htm。

益。因此，职业教育的发展必须紧密结合国家的发展战略，与经济社会发展的实际需求相对接。

习近平总书记2018年9月10日在全国教育大会上要求："要高度重视职业教育，大力推进产教融合，健全德技并修、工学结合的育人机制，源源不断为各行各业培养亿万高素质的产业生力军，让职业院校毕业生在职业发展上也有广阔空间。要出台灵活有效的优惠政策，厚植企业承担职业教育责任的文化环境推动职业院校和行业企业形成命运共同体。"[1]

在国家经济转型和升级的进程中，职业教育的作用尤为凸显。技术创新、产业升级、新兴行业的发展等领域对高素质技术技能人才的需求日益增长。职业教育应对这些需求做出响应，通过培养适应市场和技术发展的专业技能，为经济社会的发展提供坚实的人才支撑。职业教育要服务于国家的经济发展和产业升级，要更好地适应市场需求，为学生提供学习实用技能和增强创新能力的渠道。这要求职业教育不仅要传授专业技能，而且要注重学生综合素质的培养，如创新能力、团队合作和职业素养等。

职业教育还承担着推动社会公平和社会融合的重要使命。习近平总书记在2018年全国教育大会上指出："围绕立德立志、增智健体、成才用才推进改革，促进学前教育普惠发展、义务教育城乡一体化发展、普通高中多样化有特色发展、高等教育内涵式发展，提高职业教育质量，打好教育脱贫攻坚战，提升民族教育、特殊教育、继续教育水平，为每个人成长成才创造条件。"[2]

---

[1]《坚决破除制约教育事业发展的体制机制障碍》(2018年9月10日)，出自《习近平谈治国理政》第三卷，外文出版社2020年版，第350-351页。

[2] 中国教育报：《深化教育领域综合改革的行动指南 | 全面学习党的二十大精神专论》，2023年4月27日，https://www.163.com/dy/article/I3ATPLT2051496VC.html&wd=&eqid=bb8cffd30005f54800000006647f29bf。

第二章
现代职业教育体系建设改革的总体目标和基本原则

新发展理念是习近平新时代中国特色社会主义思想的重要组成部分，强调创新、协调、绿色、开放、共享地发展。在职业教育领域，这一理念的贯彻体现在多个方面。创新是推动职业教育发展的首要驱动力。习近平总书记在党的十九大报告中指出，"完善职业教育和培训体系，深化产教融合、校企合作。加快一流大学和一流学科建设，实现高等教育内涵式发展"[①]。创新是引领发展的第一动力，职业教育应该培养学生的创新精神和实践能力，为社会创新和技术进步作出贡献。这要求职业教育机构不断更新教学内容和方法，引入新技术和新理念，如人工智能、大数据等，以培养适应未来社会需要的创新型技术人才。协调发展理念要求职业教育在培养人才的同时，注重区域经济和社会发展的平衡。习近平总书记在党的二十大报告中指出，"大自然是人类赖以生存发展的基本条件。尊重自然、顺应自然、保护自然，是全面建设社会主义现代化国家的内在要求。必须牢固树立和践行绿水青山就是金山银山的理念，站在人与自然和谐共生的高度谋划发展"[②]。这要求职业教育培养具有绿色发展理念的技术技能人才，促进可持续发展。开放和共享是新时代职业教育的另一个重要方向。在全球化背景下，职业教育应该加强国际交流和合作，学习借鉴国际先进的教育理念和经验，推动职业教育资源的开放共享，为学生提供更广阔的学习和发展空间。

职业教育改革的方向和举措需紧密结合新时代思想的指导。习近平总书记在 2024 年全国教育大会上指出，"建成教育强国是近代以来中华民族梦寐以求的美好愿望，是实现以中国式现代化全面推进强国建设、民族复兴伟业

---

① 新华社：《习近平：决胜全面建成小康社会 夺取新时代中国特色社会主义伟大胜利——在中国共产党第十九次全国代表大会上的报告》，2017 年 10 月 27 日，https://www.gov.cn/zhuanti/2017-10/27/content_5234876.htm。

② 新华社：《习近平：高举中国特色社会主义伟大旗帜 为全面建设社会主义现代化国家而团结奋斗——在中国共产党第二十次全国代表大会上的报告》，2022 年 10 月 25 日，https://www.gov.cn/xinwen/2022-10/25/content_5721685.htm。

的先导任务、坚实基础、战略支撑，必须朝着既定目标扎实迈进"①。在职业教育领域，这意味着要进行课程内容更新、教师队伍建设、教育模式创新等方面的改革。课程内容的更新是职业教育改革的重点之一。要根据社会经济发展和技术进步的需求，不断调整和优化课程体系，加强职业技能培训与理论知识的结合，重视新技术、新业态的引入，如人工智能、云计算等领域的课程开发。教师队伍的建设和专业发展也至关重要。习近平总书记在2024全国教育大会上还强调，"提高教师政治地位、社会地位、职业地位，加强教师待遇保障……维护教师职业尊严和合法权益……让教师享有崇高社会声望、成为最受社会尊重的职业之一"②。这要求对职业教育教师进行定期的培训和专业发展支持，鼓励教师参与产业实践，了解最新的行业动态。此外，职业教育模式的创新也是改革的重要方向。创新教育模式，如项目式学习、工学结合、校企合作等，可以提高教育的实践性和针对性，更好地满足学生和市场的需求。通过这些创新模式，学生可以在真实或模拟的工作环境中学习和应用知识，提高其实际工作能力和就业竞争力。

在习近平新时代中国特色社会主义思想的指导下，职业教育虽取得了显著进步，但面临的挑战依然不少。其中，资源配置、教育质量保证、与产业发展的同步性等问题仍需解决。"必须坚持问题导向"，是党的二十大报告提出的"六个必须坚持"中的一项重要内容。这为职业教育的改革和发展指明了方向。未来，职业教育的发展应该以问题为导向，更加注重质量和效果，更加注重服务于国家战略和社会需求。技术进步、国际化趋势和社会需求的变化将持续影响职业教育的方向和内容。职业教育将继续深化改革，加强与

---

① 人民网：《坚持把教育作为国之大计、党之大计——习近平总书记在全国教育大会上重要讲话指明方向、催人奋进》，2024年9月11日，http://hb.people.com.cn/n2/2024/0911/c194063-40973086.html。
② 人民政协报：《强教强师加快造就新时代"大先生"——2024·中国教师发展论坛侧记》，2024年10月8日，第10版。

产业的结合，提升教育质量和效率，为培养更多高素质技术技能人才作出贡献。职业教育还将面临国际化的挑战和机遇。随着全球化的发展，国际交流和合作在职业教育领域将变得日益重要。习近平总书记在 2024 年中非合作论坛峰会提出"邀请 3 万名发展中国家妇女来华参加培训，并在当地为发展中国家培训 10 万名女性职业技术人员"；"未来五年向发展中国家提供'六个一百'的项目支持，包括一百个减贫项目、一百个农业合作项目、一百个促贸援助项目、一百个生态保护和应对气候变化项目、一百所医院和诊所、一百所学校和职业培训中心；向发展中国家提供十二万个来华培训和十五万个奖学金名额，为发展中国家培养五十万名职业技术人员，设立南南合作与发展学院等"；"我们将通过派遣专家、建立职业培训中心、加强中非人才培训和企业家交流，切实帮助非洲解决工业化人才需求和能力建设问题"。这就要求职业教育主动担当，发挥专业优势和特色资源，推动国际合作持续深化，为深入推进"一带一路"倡议等提供有力支撑。[①]职业教育机构需要抓住这一机遇，加强与其他国家和地区的交流合作，共同推动职业教育的发展。在习近平新时代中国特色社会主义思想的指导下，职业教育将继续发挥其在国家社会发展中的重要作用。通过深化改革、创新发展，职业教育将更好地满足社会和经济的需求，为培养新时代的技术技能人才作出更大的贡献。

（二）新发展理念在职业教育改革中的应用

新发展理念作为引领中国社会经济发展的重要思想，不仅着眼于经济领域的创新和发展，还深刻体现在社会、文化、生态等多个方面。这一理念的

---

① 中国教科院：《新思想指引新征程 | 中国教科院课题组：增强职业教育适应性 加快构建现代职业教育体系》，2022 年 6 月 6 日，https://mp.weixin.qq.com/s?__biz=MzIyNjU4MTMxMw==&mid=2247491661&idx=1&sn=7ec6a1dbe523c7c541b43bacfb92c2cb&chksm=e86cee63df1b67756ee0663e1f7d3010f15cd8cd42d59ad543da1ccc85e264125cc46ff1f657&scene=27。

核心在于实现可持续发展，平衡和谐社会与环境之间的关系，以及推动全球治理体系和国际秩序向更加公正合理的方向发展。在此框架下，人类命运共同体理念强调全球合作与共享，美丽乡村建设聚焦于提升农村地区的生活质量和环境美化，而强国战略则侧重于通过教育、科技、文化等领域的全面提升，增强国家的综合实力和国际影响力。这些要素不仅体现了中国特色社会主义进入新时代的总体要求，也为职业教育改革指明了方向。

职业教育作为培养实用技能和专业知识的重要领域，在新发展理念的指导下，需着力于培养适应现代经济和社会发展需求的高素质技能人才。这要求职业教育不仅要与产业发展紧密结合，还需重视培育学生的全面发展、社会责任感和国际视野。例如，在人类命运共同体的指引下，职业教育应培养学生的国际合作意识和跨文化沟通能力，使其能在全球化背景下更好地发挥作用。同样，美丽乡村建设也需要通过职业教育培养一批具有现代农业知识、乡村治理能力和生态保护意识的人才，以推动农村地区的全面发展和生态文明建设。

在这一背景下，职业教育的改革和发展必须深化产教融合，强化实践教学，同时也要拓宽视野，关注人的全面发展，更好地服务于国家的长远发展战略。这不仅要求职业教育机构更新教学内容和方法，还需加强与行业企业的合作，共同培育符合新时代要求的技能型人才。

职业教育在新发展理念的指导下，需要重点关注人的全面发展。这意味着职业教育不仅要培养学生的专业技能，还需强化其社会责任感、创新能力和生态意识。例如，职业教育体系应融入人类命运共同体的观念，教育学生认识到个人发展与全球命运的紧密联系，培养其全球公民的身份认同和国际合作能力。这不仅是对传统职业教育内容的拓展，也是对学生角色和职责的重新定义。

在美丽乡村建设方面，职业教育可以通过设立相关专业和课程，比如农业管理、乡村旅游、环境保护等，来培养学生对乡村振兴的理解和参与。这种教育不仅提高了学生的实际操作能力，还培养了他们对生态文明建设的认识和承诺。此外，强国战略的实现离不开高技能人才的支持，职业教育需要与国家的科技创新、文化繁荣等战略紧密结合，培养具有创新精神和实践能力的人才。

为实现这些目标，职业教育机构需改革课程设置，将新发展理念下的社会责任、创新思维和全球视野融入教育体系。这需要教育管理者、教师和行业专家共同努力，共同构建一个既满足专业技能培养，又注重全面发展的教育体系。例如，可以通过开展国际交流项目、参与国际竞赛等方式，提升学生的国际合作能力和跨文化理解。

在新发展理念的影响下，职业教育课程的改革和创新成为实现教育目标的关键步骤。课程内容应超越传统技能培训的范畴，融入创新思维、绿色发展、社会责任等元素，与国家的长远发展战略相结合。例如，职业教育课程中可以增加关于可持续发展、环境保护和绿色技术的模块，鼓励学生探索和实践如何在其专业领域中贯彻绿色发展理念。同时，职业教育还应着眼于培养学生的全球视野和国际合作能力。这意味着应该在课程设计中提供融入跨文化交流、国际合作项目的实践机会，例如通过模拟联合国等活动，增强学生的全球意识和国际沟通技巧。此外，职业教育还需要重视培养学生的创新能力和批判性思维，为此，课程设计应鼓励学生参与项目式学习、问题解决和团队合作，激发他们的创新精神和解决复杂问题的能力。

针对乡村振兴和美丽乡村建设，职业教育应增加相关专业和课程，如现代农业技术、乡村旅游管理、乡村社区发展等，以促进学生对于乡村振兴的深入理解和积极参与。通过实地考察、项目实践等方式，学生可以直接参与乡村的发展规划和实施过程，从而更好地理解和应用所学知识。

在课程改革的同时，教学方法也需要创新。职业教育机构应采用更加灵活多样的教学方式，比如翻转课堂、在线学习、模拟实训等，以适应不同学生的学习需求和风格。这样的教学方法创新不仅提高了教学效率，还有助于激发学生的学习兴趣和自主学习能力。

在新发展理念的指导下，实践教学和校企合作成为职业教育改革的重要组成部分。实践教学不仅是职业技能培养的基础，更是融合创新理念、社会责任和全球视野的关键环节。例如，职业院校可以与企业合作，开展针对绿色技术、可持续发展的项目，让学生在解决实际问题的过程中学习和应用新理念。此外，职业教育机构也可以通过与国际组织或外国院校的合作，为学生提供国际交流和实习的机会，从而培养其全球合作能力。

校企合作的深化不仅限于提供实习实训机会，还包括企业在课程开发、教学资源共享和人才培养方案制定中的积极参与。例如，企业可以参与制定与行业紧密相关的课程，提供最新的行业资讯和技术支持，以确保教学内容的时效性和实用性。同时，企业也可以通过提供奖学金、设立学徒岗位等方式，直接参与人才培养过程，为学生提供更多学习和发展的机会。

实现这些目标，需要政府、教育机构和企业之间建立有效的协调机制。政策层面可以提供必要的支持和激励，比如通过财政资助、税收优惠等措施鼓励企业参与职业教育。同时，教育机构需要建立灵活的合作模式和机制，以适应不同行业和企业的需求。

政策支持和激励机制在实现新发展理念下的职业教育改革中起到至关重要的作用。政府通过制定和实施相关政策，可以有效地引导和支持职业教育的发展，确保其与国家的长远战略目标相一致。例如，《职业教育产教融合赋能提升行动实施方案（2023—2025 年）》等政策文件，提供了清晰的指引和支持，包括金融政策扶持、投资政策扶持、财税政策扶持等，这些都是推动职业教育改革向更高质量、更深层次发展的重要保障。

这些政策不仅提供了资金支持，还包括制度和管理层面的改革，如优化审批流程、建立多部门联合审批"绿色通道"等，这些措施极大地提高了职业教育项目的实施效率和质量。同时，这些政策还鼓励社会各界参与职业教育的发展，比如鼓励企业投入资本和技术，参与办学，这不仅增强了职业教育的实践性和针对性，也为学生提供了更多与行业接轨的学习和实习机会。

为了充分发挥这些政策的作用，需要加大政策的宣传和执行力度，确保所有利益相关方都能了解和利用这些政策资源。此外，还需要定期评估政策效果，根据职业教育发展的实际需要进行调整和优化。这种动态的、反馈驱动的政策制定和实施机制，将进一步确保职业教育改革与新发展理念保持一致，有效推动职业教育体系的现代化和国际化发展。

三、坚持以学生为中心，因材施教，质量第一

（一）学生中心理念在职业教育中的实践

学生中心理念在现代教育改革中占据了核心地位，其本质在于将学生的需求、兴趣和发展作为教育活动的焦点。这一理念要求教育过程不仅仅传授知识技能，更重视学生个性化的成长和全面发展。在职业教育领域，这一理念的实施尤为重要，因为它关系到学生未来的职业生涯和社会适应能力。在学生中心的教育模式下，教育内容和教学方法都需围绕学生的实际需求和潜力设计。这意味着教育不再是单向的知识传递，而是一种双向互动和个性化发展的过程。学生在这一过程中不仅仅是知识的接受者，更是积极的参与者和创造者。他们的经验、兴趣和意见被充分考虑和尊重，教育过程因此变得更加生动、有效和有意义。在职业教育领域，这一理念的实施对于提升教育质量和学生就业能力至关重要。学生中心的职业教育更注重实用性和针对性，课程和教学都紧密结合行业需求和学生的职业目标。通过这种方式，学生不仅能获得必要的专业技能，还能发展出解决实际问题的能力，为进入复杂多变的职业世界做好准备。

在实施学生中心理念的过程中，职业教育课程设计发挥着至关重要的作用。课程内容不仅需要覆盖必要的专业技能和知识，还应考虑到学生的个性化需求和职业发展目标。这就要求教育机构进行深入的行业分析，了解市场需求，同时还需考虑学生的背景、兴趣和未来职业发展方向。以北京电子科技职业学院为例，该校在课程设计中广泛采用学生中心理念，通过提供丰富多样的课程选择和灵活的学习路径，满足不同学生的需求。例如，该校为电

子商务专业学生提供了包括网络营销、电子支付系统等在内的多种选修课程，学生可以根据自己的兴趣和职业规划自由选择。此外，学院还注重培养学生的实践能力，通过与企业的合作，为学生提供实习机会，使他们能够在真实的工作环境中应用所学知识，从而更好地准备职业生涯。在课程设计中实施学生中心理念还意味着教学内容的不断更新和调整。随着行业技术的快速发展和市场需求的变化，课程内容需要定期更新，以保证学生所学知识的时效性和实用性。这不仅提升了学生的学习兴趣，也增强了他们的竞争力。此外，学生中心的课程设计还应注重发展学生的综合能力，包括团队合作、沟通能力和创新思维。这些软技能的培养对于学生未来的职业生涯同样重要。通过小组项目、案例分析等教学方法，学生可以在实际操作中学习如何与他人合作、解决问题和创新思考。

为了贯彻学生中心理念，职业教育的教学方法和评估机制也必须进行相应的改革。这种改革的核心在于促进学生的主动学习和参与，同时确保评估过程能全面反映学生的学习成果和能力发展。在教学方法上，更多的实践和互动式学习被引入课堂。例如，翻转课堂的教学模式，在这种模式下，学生在课前通过在线材料自主学习理论知识，课堂时间则用于讨论、实践操作和问题解决。这种方法不仅提高了学生的参与度，也使他们能够更好地理解和应用所学知识。此外，项目式学习也在许多职业院校中被广泛采用，学生通过参与真实或模拟的项目，学习如何在团队中合作，解决复杂的实际问题。评估机制的改革也是实现学生中心理念的关键。传统的考试和评分系统往往无法全面评价学生的实际能力和综合素质。因此，许多职业院校开始采用基于能力的评估方法，比如持续性评估、同行评审和基于项目的评估。例如，实施的持续性评估体系，考虑到学生在课堂参与、团队项目、实习表现等多方面的表现，更全面地反映了学生的学习进步和能力发展。这些教学和评估方法的改革，不仅提高了教学的有效性，也使教育过程更加贴近实际工作环境的需求。学生通过这些活动不仅学习到专业技能，还发展了解决问题的能力、团队合作精神和创新意识。

/ 第二章 /
现代职业教育体系建设改革的总体目标和基本原则

在实施学生中心理念的职业教育体系中,个性化的职业规划和发展支持对于学生的成长至关重要。这要求教育机构不仅要提供专业技能培训,还需关注学生的个人兴趣、职业目标以及未来职业生涯规划。为了有效实现这一目标,许多院校已经开始提供更加全面和个性化的职业发展服务。以广州城建职业学院为例,学校设立了专门的学生职业发展服务中心,为学生提供职业咨询、职业规划指导、实习机会匹配等服务。通过这些服务,学生能够更好地了解自己的兴趣和优势,制订符合个人特点和市场需求的职业发展计划。此外,职业教育中还应注重培养学生的自主学习和终身学习能力。这不仅有助于学生在校期间的学习,而且有助于为其未来不断变化的职业生涯做好准备。例如,武汉职业技术学院采用的学生成长指引信息系统,允许学生根据自己的学习节奏和兴趣选择课程,鼓励他们探索不同领域的知识,培养自主学习的习惯。在实习和职业准备方面,职业院校通过与行业企业的紧密合作,为学生提供丰富的实习机会和职业体验。这些实习不仅是学生应用所学知识的机会,也是他们体验不同职业角色、发现职业兴趣的重要途径。例如,陕西工业职业技术学院与多家企业合作,建立了一系列专业对口的实习基地,使学生能够在真实的工作环境中学习和成长。

尽管学生中心理念在职业教育中的实施具有显著优势,但在实际操作过程中也面临着一系列挑战。这些挑战包括如何平衡课程标准化与个性化的需求,如何提供足够的资源以支持个性化学习,以及如何培训教师以适应新的教学模式。首先,实现学生中心理念的一个关键挑战在于资源配置。个性化教学和职业规划需要投入大量的时间、精力以及物质资源。为此,教育机构需要寻找有效的方式来优化资源分配,确保每位学生都能获得必要的支持。这可能包括提高教育技术的运用,比如使用在线学习平台和人工智能辅助教学,以提高教育资源的可访问性和效率。其次,教师的专业发展和培训也是实现学生中心理念的关键。教师不仅需要掌握专业知识,还需具备指导学生自主学习、进行个性化教学和职业规划的能力。因此,持续的教师专业发展和培训变得尤为重要,这需要教育管理部门和教育机构的共同努力。展望未来，实现学生中心理念的职业教育将更加注重学生的全面发展和长期职业成功。为了达到这一目标，教育机构需要持续创新教学方法，加强与企业和行业的合作，不断调整和优化课程内容。同时，政策制定者应提供支持和激励措施，以推动职业教育体系的持续改进和发展。

（二）质量为本，推动职业教育内涵式发展

在当今快速发展的社会经济环境中，职业教育面临着前所未有的挑战和机遇。质量成为衡量职业教育成效的核心指标，其不仅关系到学生的个人发展，更与国家战略、区域经济发展紧密相连。质量为本的理念要求职业教育不仅注重知识和技能的传授，更要关注教育的深度和广度，包括创新能力、社会责任感的培养，以及学生全面发展的促进。在这一理念指导下，职业教育机构开始积极探索如何更好地服务国家战略，例如响应制造强国、数字经济等国家重点发展方向。同时，教育内容和方法也在不断创新，以适应快速变化的技术和市场需求。例如，江苏省的某职业技术学院针对智能制造行业的快速发展，设置了一系列与之相关的专业课程，如智能控制技术、机器人技术等，并通过与行业企业合作，提供实践实习机会，使学生能够在学习中直接接触最新的行业技术和趋势。此外，质量为本的职业教育还意味着要关注区域经济的特定需求。例如，湄洲湾职业技术学院紧密结合当地制鞋产业发展，通过与企业合办专业、共建产业学院、共建协同创新中心、全程订单培养等形式，培养了一大批符合地方经济发展需要的专业技术人才。这种针对性的课程设置不仅提高了教育的实用性和针对性，也为地区经济发展提供了强有力的人才支持。在贯彻质量为本理念的过程中，还需要充分考虑学生的全面发展。这要求职业教育不仅提供专业知识和技能的培养，还要关注学生的创新思维、团队合作能力、沟通能力等软技能的发展。为此，许多职业院校开始引入综合素质教育课程，如批判性思维、公共演讲等，以及开展各种文化、体育和艺术活动，探索全人教育，旨在培养学生的多元能力。总体来说，质量为本的职业教育不仅仅是提高教学质量的要求，更是一种全面的

教育理念和实践。通过这一理念的贯彻，职业教育能够更好地服务于国家战略，满足区域经济发展的需要，同时促进学生的全面和个性化发展。

职业教育的核心在于其课程和教学方法的不断创新和适应性。为了满足质量为本的要求，课程内容必须与时俱进，反映最新的行业动态和技术发展。例如，武汉理工大学职业技术学院紧密跟随汽车制造业的最新趋势，开设了新能源汽车技术、智能制造等专业，这些课程旨在培养学生掌握前沿技术和应对行业挑战的能力。教学方法的创新同样关键。在质量为本的理念下，传统的讲授式教学方法正在逐渐被互动性更强和实践导向的方法所替代。以萧山技师学院为例，学院大力推广项目式学习和协作学习，鼓励学生在解决实际问题的过程中学习和应用知识。此外，通过引入 VR 和 AR 技术，学院为学生提供了模拟真实工作环境的学习体验，极大提高了学习的兴趣和效果。同时，课程和教学方法的创新也须紧密结合学生的需求和未来发展。比如，四川职业技术学院在课程设计中不仅注重专业技能的培养，还特别强调创新能力、团队协作和社会实践的重要性，通过举办各类竞赛、研讨会和实习项目，促进学生的全面成长。课程内容的创新和教学方法的改革是提高职业教育质量的关键。通过这些创新，职业教育不仅能够更好地适应行业需求，还能为学生提供更加丰富和全面的学习体验，从而推动其全面发展。

在质量为本的教育理念下，建立和完善职业教育评估与质量监控体系显得尤为重要。这一体系的核心目标是保证教育质量的持续提升，同时对教育过程中的各个环节进行有效监督。评估体系应覆盖教学内容的质量、教师的教学效果、学生的学习成效以及课程与市场需求的匹配度等多个方面。以山东科技职业学院为例，该校建立了一套全面的教育质量评估体系。这一体系不仅包括常规的学业成绩评估，还引入了学生满意度调查、企业反馈、校友追踪等多元化评估方式。通过这些方法，学校能够全面掌握教育质量的现状和趋势，及时发现并解决教学过程中的问题。此外，学校还与行业企业密切合作，定期邀请行业专家参与课程评估和教学指导，确保课程内容的实用性和前瞻性。有效的质量监控体系还需要强调持续改进和动态调整的重要性。

随着技术的发展和市场需求的变化,职业教育的课程和教学方法需要不断进行优化和更新。例如,东营职业学院通过定期的教学研讨会和教学改革项目,鼓励教师不断探索新的教学方法和技术,从而提高教学质量和学生的学习体验。总之,一个全面有效的评估与监控体系是保证职业教育质量的关键。通过这一体系的实施,职业教育机构不仅能够提高教育质量,还能更好地适应社会和经济的发展需求,为学生提供更加优质的教育服务。

在推动职业教育质量提升的过程中,校企合作发挥着至关重要的作用。这种合作模式不仅为学生提供了实际工作环境下的学习机会,而且确保了教学内容与行业的最新需求保持一致。通过与企业的紧密合作,职业院校能够在课程设计、教学实践以及学生实习方面获得宝贵的行业输入,从而提高教育的质量和实用性。举例来说,华东理工大学职业技术学院与多家化工企业建立了深度合作关系。这些合作不仅包括为学生提供实习实训机会,还涉及企业专家参与课程设计和教学,使学院的化工相关专业课程紧跟行业发展趋势。通过这种合作,学生能够在真实的工作环境中应用所学的理论知识,同时获得宝贵的行业经验,为未来的职业生涯打下坚实基础。此外,校企合作还助力职业教育机构更好地理解行业需求,从而在教学内容和方法上作出更为精准的调整。例如,四川职业技术学院与当地的信息技术企业合作,共同开发了一系列与大数据和人工智能相关的课程。这些课程不仅注重理论知识的传授,还强调实际应用能力的培养,使学生毕业后能够迅速适应职场环境。校企合作的深化也意味着企业在学生评估和职业指导方面发挥更大作用。通过企业的反馈,职业院校可以更准确地评估教学效果和学生的职业技能水平,同时为学生提供更为实际的职业发展建议。这种合作模式不仅提高了教育质量,也为学生的就业和职业发展铺平了道路。总体而言,校企合作是职业教育质量提升的关键环节。这种合作模式确保了教育内容的实时性和实用性,同时为学生提供了宝贵的实践机会,有助于他们更好地融入未来的职业生活。

展望未来,职业教育的质量提升需要一个全面、系统的策略,以确保教育体系不仅满足当前的需求,同时也能适应未来的挑战。首先,教师队伍的建设和专业发展是提升教育质量的基石。教师不仅需要具备深厚的专业知识和实践经验，还应不断更新教学方法，以适应新兴技术和变化的教育需求。其次，更新教学设施和学习资源是提升教育质量的重要方面。随着技术的不断进步，更新的教学设备和工具，如模拟实验室、在线学习平台等，成为提高教学效果的关键。天津职业大学通过引入高端的实验设备和建立虚拟现实实训室，极大地丰富了学生的学习体验，提高了教育的实践性和互动性。同时，强化学生职业技能和综合素质的培养也是提升教育质量的核心。职业教育不仅要教授专业技能，还要培养学生的创新能力、团队精神和社会责任感。例如，重庆工业职业技术学院通过开展各类创新项目和社会实践活动，鼓励学生在实践中学习和创新，从而全面提升学生的职业能力和综合素质。除此之外，与行业和社会的持续互动也是确保教育质量的关键。通过与企业和行业组织的紧密合作，职业教育机构可以及时了解最新的行业需求和技术动态，从而及时调整教育内容和方法。兰州石化职业技术大学与当地能源企业的合作便是一个典型的例子，通过这种合作，学院能够及时更新课程内容，确保教育与行业发展同步。

面向未来的职业教育质量提升需要多方面的努力和创新。通过强化教师队伍建设、更新教学资源、强调学生全面发展以及加强与行业的互动，职业教育可以更好地服务于国家战略、区域经济发展和学生的全面成长，为社会培养更多高素质的专业人才。

第三章

现代职业教育体系建设改革部分重点任务指标分析

现代职业教育体系建设改革的重点任务是"一体两翼五重点",以提高职业教育的质量、适应性和吸引力,培养更多高素质技术技能人才、能工巧匠、大国工匠,满足经济社会发展和人民群众对美好生活的需要;构建多形式衔接、多通道成长、可持续发展的梯度职业教育和培训体系,推动职普协调发展、相互融通,让不同禀赋和需要的学生能够多次选择、多样化成才,使人人享有终身学习的机会;深化产教融合、协同育人,建立健全多元化投入机制,形成政府、行业、企业、学校协同的发展机制,推动形成同市场需求相适应、同产业结构相匹配的现代职业教育结构和区域布局,为加快建设教育强国、科技强国、人才强国奠定坚实基础。

/ 第三章 /
现代职业教育体系建设改革部分重点任务指标分析

一、市域产教联合体建设指标分析[①]

（一）评议指标：基本情况

1. 指标考察内容

该指标主要考察市域产教联合体的依托条件、政策支持、协调机制和经费投入等方面，是否具备建设和发展的基础和保障。

2. 观测点及要求

（1）联合体依托的产业园区总产值在省内同类园区中位于前列，主要以符合当地产业优势和发展方向的产业为核心主导产业；联合体职业教育资源富集，涵盖中职、高职（含职教本科）学校，吸纳普通本科学校作为成员。

该观测点要求市域产教联合体能够紧密对接当地的产业发展需求，充分利用和整合职业教育的各类资源，形成产教融合的良好格局。

（2）将联合体建设情况纳入产业园区工作考核指标和职业教育工作目标考核体系。

该观测点要求市域产教联合体能够得到产业园区和职业教育部门的重视和支持，建立相应的考核和激励机制，促进联合体的建设和发展。

（3）教育部门会同其他有关部门建立密切配合的协调联动机制，明确职责分工，划定重点任务，提出时间节点。

该观测点要求市域产教联合体能够实现政府、企业、学校、科研机构等多方的有效协作，明确各方的角色和职责，制订合理的工作计划和进度安排，保证联合体的顺利运行。

（4）经费投入占园区总收入的5%以上，政策支持覆盖金融、财政、税费、土地、信用、就业和收入分配等方面的具体措施，相关政策落地实施。

该观测点要求市域产教联合体能够得到充足的经费投入和其他政策支持，为联合体的建设和发展提供有力的保障，确保相关政策的有效执行。

[①] 本章所有建设指标均来源于 https://zj.chinaafse.cn/jszn/index.shtml（现代职业教育体系改革管理公共信息服务平台）。

（二）评议指标：运行机制

1. 指标考察内容

该指标主要考察市域产教联合体的组织架构、治理模式、管理制度和运行规范等方面，是否具备高效和规范的运行机制。

2. 观测点及要求

（1）成立政府、企业、学校、科研机构等多方参与的理事会（董事会）。

该观测点要求市域产教联合体能够建立一个具有权威性和代表性的决策机构，反映各方的利益和诉求，制定联合体的发展战略和重大事项。

（2）建立多元协同、共建共管的治理模式，达到产权明晰、组织完备、机制健全、运行高效的实体化运作要求。

该观测点要求市域产教联合体能够建立一个符合产教融合特点的治理模式，明确各方的权利和义务，建立有效的沟通和协调机制，实现联合体的高效运作和持续发展。

（3）建立市域产教联合体章程、运营管理制度等，构建市域产教联合体人员聘用及评价体系、绩效考核体系、运营质量保障体系等。

该观测点要求市域产教联合体能够建立一套完善的规章制度，规范联合体的各项活动和流程，建立一套科学的评价和监督体系，保证联合体的质量和水平。

（4）理事会（董事会）管理决策，秘书处（办公室）处理日常工作，各执行机构（包括分支机构）运行规范明晰。

该观测点要求市域产教联合体能够建立一个清晰的组织架构，明确各个部门和机构的职能和职责，形成一个有序的工作协调和执行体系，提高联合体的工作效率和效果。

（三）评议指标：共建共享

1. 指标考察内容

该指标主要考察市域产教联合体的校企合作、人才培养、资源共享和利益共享等方面，是否具备深度和广度的共建共享机制。

2. 观测点及要求

（1）联合体内各类主体共商培养方案，共组教学团队，共建教学资源，共同实施学业考核评价，积极探索高技能人才培养的新模式，广泛开展校企联合招生、联合培养、岗位成才的中国特色学徒制。

该观测点要求市域产教联合体能够实现教育教学的全过程合作，充分发挥各方的优势和特色，形成人才培养的共同体和共同责任。

（2）龙头企业深度参与职业学校专业规划、人才培养标准、教材课程开发、师资队伍建设等各个环节，并取得实际成效。

该观测点要求市域产教联合体能够实现产业需求和教育供给的有效对接，充分利用龙头企业的技术、管理、品牌等优势，提升职业学校的专业设置和人才培养质量。

（3）对标产业发展前沿，联合体成员单位共建产教融合实训基地和产业学院，促进教育链、人才链与产业链、创新链紧密结合。

该观测点要求市域产教联合体能够实现教育资源和产业资源的有效整合，充分利用产业学院和实训基地的平台作用，推动教育创新和产业升级。

（4）设置灵活的用人机制，采取固定岗与流动岗相结合的方式，聘请企业工程技术人员、高技能人才、管理人员、能工巧匠等到校全职或兼职工作。

该观测点要求市域产教联合体能够实现人才资源的优化配置，充分利用企业人才的专业知识和实践经验，提升职业学校的师资水平和教学效果。

（5）校企联合制定人才培养方案或职工培训方案，实现人员互相兼职，相互为学生实习实训、教师实践、学生就业创业、员工培训、企业技术和产品研发、成果转移转化等提供支持。

该观测点要求市域产教联合体能够实现人才培养和服务发展的双向互动，充分利用校企双方的资源和能力，实现多方的共赢和共享。

（四）评议指标：人才培养

1. 指标考察内容

该指标主要考察市域产教联合体的人才培养目标、人才培养模式、人才培养质量和人才培养效果等方面，是否具备高水平和高质量的人才培养能力。

2. 观测点及要求

（1）搭建人才供需信息平台，职业学校紧贴市场和就业形势，完善职业教育专业动态调整机制，促进专业布局与当地产业结构紧密对接。

该观测点要求市域产教联合体能够实现人才培养和市场需求的有效匹配，充分利用人才供需信息平台的信息服务功能，及时调整职业教育的专业设置和人才培养规模，适应当地产业发展的需要。

（2）坚持服务学生全面发展，通过校企协作育人，积极塑造学生的价值观念、职业技能意识以及社会责任感，有效提升学生的实践能力、沟通合作能力、可持续发展能力。

该观测点要求市域产教联合体能够实现人才培养的全面性和个性化，充分利用校企协作育人的教育教学模式，培养学生的综合素质和核心能力，满足学生的个性化需求和发展潜力。

（3）联合体各类主体深度参与职业学校专业规划、人才培养规格确定、课程开发、师资队伍建设，及时把新方法、新技术、新工艺、新标准引入教育教学实践。

该观测点要求市域产教联合体能够实现人才培养的前瞻性和创新性，充分利用联合体各方的专业知识和技术能力，提升职业学校的人才培养水平和质量，引领职业教育的发展方向和趋势。

（4）企业按岗位总量一定比例设立岗位，接受学生来企实习实训和教师岗位实践。

该观测点要求市域产教联合体能够实现人才培养的实用性和适应性，充分利用企业的实际生产环境和岗位需求，提供学生和教师的实习实训和实践机会，增强学生和教师的实践能力和岗位适应能力。

（5）联合体所在省建立完善"文化素质+职业技能"考试招生办法，支持联合体内中职、高职高专、本科学校合作分段培养或贯通培养学生，鼓励普通本科学校招收符合条件的中高职毕业生和企业一线优秀员工就读本科和专业学位研究生教育。

该观测点要求市域产教联合体能够实现人才培养的多样性和灵活性，充分利用联合体内各类学校的教育资源和教育水平，提供学生的多种学习和发展路径，满足学生的终身学习和职业发展需求。

（五）评议指标：服务发展

1. 指标考察内容

该指标主要考察市域产教联合体的技术服务、培训服务、创新服务和社会服务等方面，是否具备广泛和有效的服务发展能力。

2. 观测点及要求

（1）建设共性技术服务平台，打通科研开发、技术创新、成果转移链条，为园区企业提供技术咨询与服务，促进技术创新、工艺改进、产品升级，解决企业实际生产问题。

该观测点要求市域产教联合体能够实现技术服务的高效性和实用性，充分利用联合体内的科研资源和技术能力，为园区企业提供技术支持和解决方案，推动产业技术的进步和转型。

（2）统筹各成员单位的培训资源和需求，支持联合体内院校积极承接企业员工的岗前培训、岗位培训和继续教育，提升企业员工的技能水平和岗位适应能力。

该观测点要求市域产教联合体能够实现培训服务的协调性和针对性，充分利用联合体内的教育资源和培训能力，为企业员工提供专业化和个性化的培训服务，提高员工的技能素质和职业发展潜力。

（3）联合体内各类主体共同开展技术研发和成果转化，形成产教融合、产学合作的创新模式，为园区企业提供创新支持和创新平台，促进创新创业、创新驱动、创新发展。

该观测点要求市域产教联合体能够实现创新服务的协作性和创造性，充分利用联合体内的创新资源和创新能力，为园区企业提供创新思路和创新机会，推动产业创新的发展和转型。

（4）联合体内各类主体积极参与社会公益活动，开展技术技能普及、职业教育宣传、职业指导咨询等服务，为社会提供技术支持和人才支持，促进社会和谐、文明、进步。

该观测点要求市域产教联合体能够实现社会服务的广泛性和责任性，充分利用联合体内的社会资源和社会影响，为社会提供技术帮助和人才培养，推动社会的发展和进步。

（六）评议指标：特色创新

1. 指标考察内容

该指标主要考察市域产教联合体的创新理念、创新模式、创新成果和创新影响等方面，是否具备鲜明和突出的特色创新能力。

2. 观测点及要求

（1）彰显中国特色和地方特色，特色创新要有新亮点。要彰显中国特色：市域产教联合体要确立先进的建设理念，放眼世界，扎根中国，在职普融通、产教融合、科教融汇中发挥"领头羊"作用；要聚焦我国先进制造业、现代服务业、现代农业等核心主导产业和新一代信息技术、生物技术、新能源、新材料、高端装备等战略性新兴产业，为之提供高效、循环、可持续的智力支持。要彰显地方特色：市域产教联合体要科学确立自身建设目标和服务定位，在服务区域经济社会发展中发挥不可或缺的作用；专业建设要与地方特色产业、核心主导产业和战略性新兴产业对接，人才培养要与地方产业发展需求吻合，技术服务要能破解当地产业发展的关键技术难题，形成鲜明的地方特色，产生重大社会影响。

（2）突破传统的人才培养模式，创新培养要有新突破。要突破单一的学校培养模式，实现校企协同育人，积极探索高技能人才培养的新模式，广泛开展校企联合招生、联合培养、岗位成才的中国特色学徒制，普遍接收职业院校学生开展实习实训和教师岗位实践；要突破固定的学历层次，实现多元化的人才培养路径，支持联合体内中职、高职高专、本科学校合作分段培养或贯通培养，鼓励普通本科学校招收符合条件的中高职毕业生和企业一线优秀员工就读本科和专业学位研究生教育；要突破传统的教学方法，实现信息化的教学手段，利用现代信息技术，建设智慧教室、智慧实验室、智慧校园，开展在线教学、在线学习、在线考试、在线评价等，提高教学效率和质量。

（3）打造市域产教联合体品牌，品牌建设要有新高度。要打造市域产教联合体的整体品牌，树立市域产教联合体的形象和声誉，提升市域产教联合体的知名度和影响力，为市域产教联合体的发展和服务提供强有力的支撑；要打造市域产教联合体的特色品牌，突出市域产教联合体的特色和优势，打造一批具有代表性和示范性的特色专业、特色课程、特色教材、特色教师、特色学生、特色成果等，为市域产教联合体的创新和发展提供有力的保障；要打造市域产教联合体的国际品牌，积极开展国际交流与合作，引进国外先进的理念、模式、技术、标准等，输出国内优秀的人才、成果、经验等，为市域产教联合体的国际化和国际竞争力提供有效的支持。

（4）建设市域产教联合体文化，文化建设要有新氛围。要建设市域产教联合体的共同文化，弘扬社会主义核心价值观，培育市域产教联合体的共同理念、共同目标、共同精神、共同行动，增强市域产教联合体的凝聚力和向心力，为市域产教联合体的和谐发展提供坚实的基础；要建设市域产教联合体的创新文化，营造敢于创新、勇于创新、善于创新的氛围，鼓励市域产教联合体的各方主体在人才培养、技术服务、创新创业等方面进行创新探索和创新实践，为市域产教联合体的创新和发展提供强大的动力；要建设市域产教联合体的协作文化，形成互相尊重、互相信任、互相支持、互相促进的合作关系，推动市域产教联合体的各方主体在资源共享、利益共享、风险共担、责任共担等方面进行协作协调和协作共赢，为市域产教联合体的协作和发展提供良好的条件。

（七）评议指标：其他

1. 指标考察内容

该指标主要考察市域产教联合体的合法合规、安全稳定、社会责任等方面，是否具备良好的其他条件和保障。

2. 观测点及要求

（1）市域产教联合体的建设和运行符合国家和地方的相关法律法规，遵守职业教育的相关规范和标准，不存在违法违规的行为和风险。

该观测点要求市域产教联合体能够保证其合法性和合规性，充分尊重和保护各方的合法权益，避免发生任何损害联合体声誉和利益的事件和问题。

（2）市域产教联合体的建设和运行稳定可靠，有完善的安全管理和风险防控机制，不存在安全隐患和风险点。

该观测点要求市域产教联合体能够保证其安全性和稳定性，充分考虑和应对各种可能发生的安全事故和风险因素，及时采取有效的预防和应急措施，保障联合体的正常运行和发展。

（3）市域产教联合体的建设和运行积极履行社会责任，有良好的社会评价和社会效益，不存在损害社会公益和社会利益的行为和影响。

该观测点要求市域产教联合体能够保证其社会性和责任性，充分关注和参与社会公益事业，积极回馈和服务社会，提升联合体的社会价值和社会影响力。

二、职业教育一流核心课程（线下）建设指标分析

（一）评议指标：课程定位与目标

1. 指标考察内容

该指标主要考察课程是否符合职业教育的理念和要求，是否明确课程的性质和目标，是否与相关的课程和专业有良好的衔接。

2. 观测点及要求

（1）落实立德树人根本任务，符合相应专业教学标准、人才培养方案要求，课程性质明确，与前、后接续课程衔接得当。

该观测点要求课程能够体现职业教育的核心价值，即培养德、智、体、美、劳全面发展的高素质技术技能人才。课程应该遵循相应专业的教学标准和人才培养方案，明确课程的性质（如理实一体、实训等），并且与前后的课程有逻辑和内容上的联系，形成完整的知识体系和能力培养路径。

（2）课程目标定位准确、条目清晰、内容具体、可评可测。

该观测点要求课程能够明确指出要培养学生的知识、技能、态度等方面的能力，以及相应的评价标准和方法。课程目标应该具有可操作性和可测量性，能够为教学设计和实施提供依据和指导。

（二）评议指标：课程结构与内容

1. 指标考察内容

该指标主要考察课程是否反映了职业教育的特点和需求，是否对接了新技术和新职业，是否有行业企业的参与和支持，是否有合理的内容安排和学时分配。

2. 观测点及要求

（1）课程内容组织与安排凸显职业教育类型特征，对接新产业、新业态、

新模式、新职业，反映相关领域新方法、新技术、新工艺、新标准，体现行业企业参与特征，紧贴本专业相关技术领域职业岗位（群）的能力要求。

该观测点要求课程能够体现职业教育的实用性和前瞻性，能够适应社会经济发展和产业转型升级的需要，关注新兴产业和职业的发展趋势和需求，引入相关领域的最新成果和最高水平。同时，课程应该有行业企业的参与和支持，如邀请企业专家讲授或参与教学设计，提供实习实训基地或项目合作机会等。此外，课程应该紧贴本专业相关技术领域的职业岗位或岗位群的能力要求，为学生就业或创业提供有效的培训和指导。

（2）课程内容完整、结构合理、逻辑清晰，学习单元划分合理、衔接有序、教学学时分配合理。申报课程不低于 32 学时。

该观测点要求课程能够体现职业教育的系统性和科学性，即能够按照教学目标和内容的逻辑关系，将课程内容分为若干个学习单元（项目、模块），每个单元（项目、模块）有明确的主题、目标、内容、方法、评价等要素，单元之间有良好的衔接和过渡，形成一个完整的知识结构和能力体系。同时，课程应该根据不同单元的重要性和难易程度，合理分配教学学时，保证课程的质量和效果。申报课程的总学时不应低于 32 学时，以保证课程的深度和广度。

（三）评议指标：标准完整与规范

1. 指标考察内容

该指标主要考察课程是否有完整和规范的课程标准，是否能有效指导课程建设和实际授课，是否有丰富和多样的课程资源，是否有合理的教材选用。

2. 观测点及要求

（1）课程标准涵盖的内容完整，课程基本信息准确，对人才培养具有较强的指导作用。

该观测点要求课程能够制定完整的课程标准,包括课程基本信息(如名称、性质、学分、学时等)、教学目标、教学内容、教学方法、教学评价等方面。课程基本信息应该准确无误,符合相关规定和要求(职业教育专业简介)。课程标准应该对人才培养具有较强的指导作用,既能够明确课程在专业培养方案中的定位和作用,又能够明确对学生能力培养的要求和贡献。

(2)课程标准格式规范,体系科学合理,能有效指导课程建设与实际授课。

该观测点要求课程能够遵循规范的格式编写课程标准,如使用统一的模板、字体、字号等。课程标准应该具有科学合理的体系结构,如使用层次化、模块化等方式组织内容。课程标准应该能有效指导课程建设与实际授课,能够为教师提供清晰明确的教学设计和实施的依据及参考。

(3)标准体现的课程资源类型丰富、内容多样,能够满足学校教学和学习者的学习需求,做到能学辅教。

该观测点要求课程能够提供丰富和多样的课程资源,如教案、讲义、案例、实验、实训、项目、视频、音频、动画、图片、文献等。课程资源应该能够满足不同类型和层次的学校教学和学习者的学习需求,如适应不同地区、不同规模、不同水平的院校使用,适应不同背景、不同兴趣、不同进度的学生使用。课程资源应该能够做到能学辅教,既能够帮助教师提高教学效率和质量,又能帮助学生提高学习效果和兴趣。

(4)教材选用合理,符合有关规定和教学需求。

这类观测点要求课程能够选用合理的教材,如"十三(四)五"规划教材等,选择符合课程性质、目标、内容的教材,选择具有权威性、科学性、适用性的教材,选择能够反映新技术、新方法、新标准的教材等。课程应该遵循相关的教材选用政策和程序,如按照学校或主管部门的要求,进行教材的申报、审批、采购等。课程应该根据教学实际和学生需求,灵活使用教材,如结合其他教学资源,适当增删或调整教材内容,提高教材的利用率和效果。

（四）评议指标：成员构成与要求

1. 指标考察内容

该指标主要考察课程是否有合理的教学团队，是否有优秀的课程负责人，教师是否有较高的教学素养和专业教学能力。

2. 观测点及要求

（1）教学团队结构合理，师德师风优良，教学表现力和亲和力强，教学成果积累丰富，教学改革意识强。

该观测点要求课程能够组建合理的教学团队，如根据课程内容和特点，配置不同专业背景、不同职称等级、不同教学经验的教师，形成互补互助的合作关系。教学团队应该具有良好的师德师风，如尊重学生、关爱学生、为人师表等。教学团队应该具有较强的教学表现力和亲和力，如能够用生动有趣的方式传授知识、激发学生兴趣、与学生建立良好的沟通和信任等。教学团队应该具有丰富的教学成果积累，如能够在本课程或相关课程方面取得优秀的教学评价、获得相关的奖励或荣誉等。教学团队应该具有较强的教学改革意识，如能够不断探索新的教学方法、模式、手段等，提高教学质量和效果，有教改项目等成果支撑。

（2）课程负责人应具有高级专业技术职务，具有丰富的教学经验和扎实的专业功底，在本专业领域具有一定影响力。同一课程负责人牵头的课程限推荐一门。

该观测点要求课程能够选定合适的课程负责人，如具有副高级以上的专业技术职务（如副教授、高级工程师等），具有多年的教学经验和深厚的专业知识，在本专业领域具有一定的影响力和声望[如省级以上名师、名匠、参与行（专）指委等职务]。同时，为了保证课程质量和多样性，同一课程负责人牵头的课程限推荐一门，避免重复或冲突。

（五）评议指标：教学活动与过程

1. 指标考察内容

该指标主要考察课程是否有完整和有效的教学活动和过程，是否使用信息技术创新教学模式，是否提供充足的学习支持服务，是否促进师生之间、学生之间的互动和协作。

2. 观测点及要求

（1）各项教学活动完整、有效，教学过程可回溯，关注教与学全过程的信息采集，教学过程材料完整。

该观测点要求课程能够设计和实施完整和有效的教学活动，如根据不同项目和目标，安排适当的讲授、讨论、演示、实验、实训、项目、考核等活动，保证教学内容的覆盖和深入。课程应该能够记录和保存教学过程的相关信息，如教师的教学计划、教案、讲义、课堂录像等，以及学生的作业、考试、反馈等，以便于对教学过程进行回溯和分析。课程应该能够关注教与学全过程的信息采集，如通过问卷、访谈、观察等方式，收集教师和学生对课程的意见和建议，以及对教学效果的评价和反馈。课程应该能够提供完整的教学过程材料，如将上述信息整理成文档、报告、汇总等形式，以便于对课程进行总结和改进。

（2）合理使用信息技术手段创新教学模式，能够激发学生学习兴趣和潜能。

该观测点要求课程能够合理使用信息技术手段创新教学模式，如利用网络、多媒体、云计算、大数据等技术，开发和使用各种在线或混合式的教学资源、平台、工具等，拓展教学空间和时间，丰富教学形式和内容，提高教学效率和质量。课程应该能够通过信息技术手段激发学生的学习兴趣和潜能，如利用游戏化、情境化、个性化等方式，调动学生的主动性、创造性、协作性等，培养学生的综合素养和核心能力。

（3）提供充足的学习支持服务，促进师生之间、学生之间进行资源共享、问题交流和协作学习，实现师生、生生的深度有效互动。

该观测点要求课程能够提供充足的学习支持服务，如为学生提供课前预习、课后复习、难点解析、拓展延伸等辅导服务，为学生提供咨询答疑、心理辅导、就业指导等服务。课程应该能够促进师生之间、学生之间进行资源共享、问题交流和协作学习，如建立在线或线下的讨论区、社区、群组等平台，鼓励教师和学生分享教学资源、交流学习心得、解决学习困难等。课程应该能够实现师生、生生的深度有效互动，如通过多种方式（如面对面、视频会议等）组织定期或不定期的沟通和反馈机制，增进教师和学生之间的了解和信任，提高教与学的质量和效果。

（六）评议指标：学习考核与评价

1. 指标考察内容

该指标主要考察课程是否有多元化的学习评价体系，是否不断改进结果评价，强化过程评价，探索增值评价，健全综合评价。该指标是探索基于大数据的信息采集分析，全程记录和跟踪教师的教学和学生的学习过程，形成教与学的正向反馈；是在课程建设过程中，不断完善课程考核评价机制，有效反思课程建设的经验与不足，使教学诊断改进积极有效。

2. 观测点及要求

（1）建立多元化学习评价体系，不断改进结果评价，强化过程评价，探索增值评价，健全综合评价。

该观测点要求课程能够建立多元化的学习评价体系，如根据不同的教学目标和内容，采用不同的评价方法和工具，涵盖知识、技能、态度等方面。课程应该能够不断改进结果评价，如根据教学效果和反馈，调整和优化评价标准和方法，提高评价的有效性和公正性。课程应该能够强化过程评价，如在教学过程中进行及时的监测和反馈，关注学生的参与度、进步度、困难度等，提高学生的自主性和自信心。课程应该能够探索增值评价，如通过对比学生的入学水平和毕业水平，分析课程对学生能力培养的贡献和影响。课程应该能够健全综合评价，如综合考虑教师、学生、同行、行业企业等多方面的意见和建议，形成全面客观的课程评价报告。

（2）探索基于大数据的信息采集分析，全程记录和跟踪教师的教学和学生的学习过程，形成教与学的正向反馈。

该观测点要求课程能够探索基于大数据的信息采集分析，如利用信息技术手段收集和处理教师的教学和学生的学习过程中产生的各种数据，如出勤率、作业提交率、考试成绩、在线互动次数等，以及教师和学生对课程的满意度、认可度、推荐度等。课程应该能够全程记录和跟踪教师的教学和学生的学习过程，如通过可视化或报表等方式展示教师和学生在不同阶段或单元的表现和变化。课程应该能够形成教与学的正向反馈，如根据数据分析结果，及时调整教学策略或提供个性化辅导，促进教师和学生之间的沟通和协作。

（3）课程建设过程中，不断完善课程考核评价机制，有效反思课程建设的经验与不足，教学诊断改进积极有效。

该观测点要求课程能够在课程建设过程中，不断完善课程考核评价机制，如根据课程建设的目标和进度，制订和实施课程考核评价的计划和方案，明确评价的主体、对象、内容、方法、标准、时机等要素。课程考核机制应该能够有效反思课程建设的经验与不足，如通过对比课程建设的预期和实际，分析课程建设的优势和问题，总结课程建设的经验和教训。课程考核机制应该能够使教学诊断改进积极有效，如根据反思结果，制定和执行课程改进的措施和方案，提高课程建设的质量和水平。

（七）评议指标：课程示范与引领

1. 指标考察内容

该指标主要考察课程是否在教学和课程改革方面显示了明显优势，是否具有推广价值，是否具备供其他院校教师教学使用的条件，是否获得了学生较高的满意度。

2. 观测点及要求

（1）在教学和课程改革方面与同类课程相比显示了明显优势，具有推广价值。

该观测点要求课程能够在教学和课程改革方面与同类课程相比显示出明显优势，如能够体现出课程的特色、创新、效果等方面的优势，能够为本专业或相关专业的教学提供有益的借鉴和参考。课程应该具有推广价值，能够提供给不同地区、不同规模、不同水平的院校使用，能够为职业教育的发展和改革作出贡献。

（2）具备供其他院校教师教学使用的条件。

该观测点要求课程能够具备供其他院校教师教学使用的条件，如能够提供完整和规范的课程标准、教案、讲义、案例、实验、实训、项目、考核等教学资源，能够提供详细和清晰的教学指导和建议，能够提供有效和及时的技术支持和服务。

（3）学生对教师教学以及课程的满意度较高。

该观测点要求课程能够获得学生较高的满意度，不局限于评教，如能够通过问卷、访谈、评价等方式收集学生对教师教学以及课程的满意度，分析学生对课程内容、方法、效果等方面的认可度、喜好度、推荐度等。

三、职业教育优质教材建设指标分析

（一）编写理念指标

1. 指标考察内容

该指标主要考察教材的编写目的、目标、原则和特色等方面，是否符合职业教育的发展方向和需求，是否体现了产教融合的理念和特征，是否突出了教材的教育价值和功能。

2. 内　涵

教材的编写理念是教材的灵魂，是教材的指导思想，是教材的立场和观点，是教材的创新点和亮点，是教材的品牌和特色。教材的编写理念决定了教材的编写目的、目标、原则和特色，也影响了教材的编写体例、内容、形态和团队等其他方面。

3. 外　延

教材的编写理念应注意以下几点：

（1）编写目的：教材的编写目的是教材的存在意义，是教材的编写动机，是教材的编写依据，是教材的编写方向。教材的编写目的应该明确、具体、合理、可行，能够反映教材的教育价值和功能，能够适应职业教育的发展需求和规律，能够满足教师和学生的教学需求和学习需求。

（2）编写目标：教材的编写目标是教材的期望效果，是教材的编写导向，是教材的编写标准，是教材的评价依据。教材的编写目标应该清晰、明确、具体、可量化，能够反映教材的教育功能和服务功能，能够适应职业教育的人才培养目标和能力要求，能够增强教师的教学效果，强化学生的学习效果。

（3）编写原则：教材的编写原则是教材的编写规范，是教材的编写方法，是教材的编写约束，是教材的编写保障。教材的编写原则应该科学、合理、规范、有效，能够反映教材的教育规律和教学规律，能够适应职业教育的教学改革和教学创新，能够保证教材的编写质量和水平。

（4）编写特色：教材的编写特色是教材的编写亮点，是教材的编写创新，是教材的编写优势，是教材的编写品牌。教材的编写特色应该突出、鲜明、独特、有影响力，能够反映教材的教育特色和功能特色，能够适应职业教育的特色需求和特色发展，能够提升教材的知名度和影响力。

4. 特　点

教材的编写理念具有以下几个特点：

（1）以立德树人为根本任务，体现教材的育人功能，培养学生的职业素养和社会责任感，促进学生的全面发展和终身发展。

（2）以高素质技术技能人才为培养目标，体现教材的培养功能，培养学生的专业知识和专业技能，促进学生的就业创业和职业发展。

（3）以产教融合为建设模式，体现教材的服务功能，服务于行业企业的技术创新和产业升级，促进行业企业的发展和转型。

（4）以理实一体化为教学方式，体现教材的教学功能，实现教材的理论与实践、案例等相结合，增强教师的教学效果，强化学生的学习效果。

5. 要　求

教材的编写理念应该满足以下几点要求：

（1）与国家和地方的相关政策、规范、标准等相一致，符合职业教育的发展方向和需求，反映教材的时代性和前瞻性。

（2）与行业企业的技术标准、岗位要求、实际解决方案等相对接，符合行业企业的发展需求和规律，反映教材的实用性和适应性。

（3）与教师和学生的教学需求、学习需求、发展需求等相吻合，符合教师和学生的教学规律和学习规律，反映教材的针对性和个性化。

（4）与教材的编写体例、内容、形态和团队等其他方面相协调，符合教材的编写规律和教学规律，反映教材的完整性和协调性。

（二）编写体例指标

1. 指标考察内容

该指标主要考察教材的编写结构、编写形式、编写风格和编写质量等方面，是否符合职业教育的教学特点和需求，是否体现了教材的教学功能和特色，是否突出了教材的教学效果和效率。

2. 内　涵

教材的编写体例是教材的外在形式，是教材的表现形式，是教材的组织形式,是教材的呈现形式。教材的编写体例决定了教材的编写结构、形式、风格和质量。

3. 外　延

教材的编写体例应注意以下几点:

(1)编写结构:教材的编写结构是教材的组织方式,是教材的逻辑关系,是教材的层次划分,是教材的整体框架。教材的编写结构应该清晰、合理、科学、有效,能够反映教材的主题思想和核心内容,能够适应教材的教学目的和教学需求,能够保证教材的完整性和连贯性。

(2)编写形式:教材的编写形式是教材的展示方式,是教材的表达方式,是教材的传播方式,是教材的交互方式。教材的编写形式应该多样、新颖、有趣、有用,能够反映教材的教学特色和教学功能,能够适应教材的教学方式和教学效果,能够保证教材的吸引力和互动性。

(3)编写风格:教材的编写风格是教材的语言特征,是教材的文化特征,是教材的审美特征,是教材的品牌特征。教材的编写风格应该规范、简洁、明了、生动,能够反映教材的语言规范和语言风格,能够适应教材的文化背景和文化内涵,能够保证教材的美感和魅力。

4. 特　点

教材的编写体例具有以下几个特点:

(1)适应理实一体化教学改革的需要,注重理论与实践、案例等相结合,既体现学科或专业知识,又融合行业企业场景实例;以真实生产项目、典型工作任务、工程实践案例等为载体,体现项目化、任务式、模块化、基于实际生产工作过程的教材内容体系。

(2)适应数字化时代的教学特点和需求,注重教材的数字化、融媒体化、交互化、个性化,采用新型活页式、工作手册式等新形态;融合视频、动画、AI、VR等技术于一体,使教材的阅读立体化、趣味化、互动化、个性化。

（3）适应产教融合的教学模式和特色，注重教材的实用性、适应性、服务性、创新性，由行业企业牵头或行业企业、学校共同开发，企业人员深度参与，突出体现"以学生为中心""做中学，做中教"等职业教育理念和产教融合类型特征。

（4）适应教师和学生的教学需求和学习需求，注重教材的针对性、灵活性、开放性、可持续性，支持教师灵活组课、自由选课、智能搜索、在线交互等教学功能，支持学生自主学习、讨论交流、即时反馈、自评自测等学习功能，支持教材的动态更新、个性定制、智能推荐、资源应用分析等增值功能。

5. 要　求

教材的编写体例应该满足以下几个要求：

（1）与国家和地方的相关政策、规范、标准等相一致，符合职业教育的教学特点和需求，反映教材的时代性和前瞻性。

（2）与行业企业的技术标准、岗位要求、实际解决方案等相对接，符合行业企业的发展需求和规律，反映教材的实用性和适应性。

（3）与教师和学生的教学需求、学习需求、发展需求等相吻合，符合教师和学生的教学规律和学习规律，反映教材的针对性和个性化。

（4）与教材的编写理念、内容、形态和团队等其他方面相协调，符合教材的编写规律和教学规律，反映教材的完整性和协调性。

（三）教材内容指标

1. 指标考察内容

该指标主要考察教材的内容质量、内容创新、内容服务和内容更新等方面，是否符合职业教育的人才培养目标和能力要求，是否体现了教材的教育功能和特色，是否突出了教材的教育效果和效益。

2. 内　涵

教材的内容是教材的核心，是教材的灵魂，是教材的基础，是教材的价值。教材的内容决定了教材的内容质量、内容创新、内容服务和内容更新，也影响了教材的编写理念、体例、形态和团队等其他方面。

3. 外　延

教材的内容应注意以下几点：

（1）内容质量：教材的内容质量聚焦于内容的真实性、科学性、适用性与规范性。它衡量的是教材内容能否精准达成教育教学的既定目标，充分满足教师施教与学生求知的双重需求，并深刻体现教材在促进知识传授、能力培养及价值观塑造方面的教育价值与功能。

（2）内容创新：在内容创新层面，教材应展现其创新理念、模式、成果及影响力。这要求教材内容能够敏锐捕捉职业教育发展的新动态，体现教育教学的最新理念，突出教材的独特教育特色与优势，从而推动教材在教育领域内的知名度与影响力的提升，适应并引领职业教育的发展潮流。

（3）内容服务性：教材的内容服务性强调其对多方利益相关者的支持作用。具体而言，它需考量教材内容能否有效服务于行业企业的技术革新与产业升级，助力教师教学改革的深化与教学创新的实践，促进社会技术技能培训与人才培养的成效，以及积极响应国家经济社会发展与战略需求的号召。

（4）内容时效性：内容更新是衡量教材是否紧跟时代步伐的关键指标。它要求教材内容必须紧跟行业企业的最新技术进展、生产规范与未来技术趋势，及时反映职业教育政策的最新导向、规范标准与发展动向，并根据这些变化灵活调整内容结构、形式、风格与质量，确保教材内容的先进性与实用性。

4. 特　点

教材的内容具有以下几个特点：

（1）紧扣专业人才培养能力目标，深度对接行业、企业标准，将实际解决方案、岗位能力要求、标准等内容有机融入教材内容，反映最新生产技术、工艺、规范和未来技术发展，体现教学改革要求及高素质技术技能人才培养特色。

（2）注重理论与实践、案例等相结合，既体现学科或专业知识，又融合行业企业场景实例；以真实生产项目、典型工作任务、工程实践案例等为载体，体现项目化、任务式、模块化、基于实际生产工作过程的教材内容体系。

（3）采用多种形式的优质数字化教学资源，文本类和图形（图像）类资源数量占比不超过30%，原创资源占比不低于70%，资源库每年更新比例不低于10%；鼓励合理运用视频类、动画类、虚拟仿真类等资源创设教学场景，解决教学重点和难点问题。

（4）建立完善的评测考核资源，每门专业核心课程均需建立试题库，题库中的试题应覆盖课程标准所规定的全部教学内容，适当减少客观题型，增加综合实践能力的题型；鼓励改革考核评价方式，根据岗位人才标准和要求，联合企业共同研制职业能力考核评价标准，开发职业能力考核评价试题，开展职业能力训练和测试。

5. 要　　求

教材的内容应该满足以下几个要求：

（1）与国家和地方的相关政策、规范、标准等相一致，符合职业教育的人才培养目标和能力要求，反映教材的时代性和前瞻性。

（2）与行业企业的技术标准、岗位要求、实际解决方案等相对接，符合行业企业的发展需求和规律，反映教材的实用性和适应性。

（3）与教师和学生的教学需求、学习需求、发展需求等相吻合，符合教师和学生的教学规律和学习规律，反映教材的针对性和个性化。

（4）与教材的编写理念、体例、形态和团队等其他方面相协调，符合教材的编写规律和教学规律，反映教材的完整性和协调性。

（四）编写团队指标

1. 指标考察内容

该指标主要考察教材的编写团队的组成、能力、贡献和合作等方面，是否符合职业教育的人才培养特点和需求，是否体现了教材的编写质量和水平，是否突出了教材的编写效率和效果。

2. 内　涵

教材的编写团队是教材的编写主体，是教材的编写力量，是教材的编写保障，是教材的编写品牌。教材的编写团队决定了教材的编写质量、水平、效率和效果，也影响了教材的编写理念、体例、内容和形态等其他方面。

3. 外　延

教材的编写团队应注意以下几点：

（1）团队组成：教材的编写团队汇聚了多领域、多背景的专家与学者，他们通过科学合理的分工协作，明确各自的角色定位与责任分担。这一团队结构不仅体现了编写人员的专业性，还确保了团队成员的多样性和平衡性，促进了编写过程中的高效沟通与紧密合作。

（2）团队能力：编写团队的能力是团队整体知识技能的集大成者，体现在团队成员深厚的学术造诣、高超的技术水平、活跃的创新思维以及持续的学习能力上。这些能力共同构成了编写高质量教材所必需的"高、优、精、强"的综合实力，为教材内容的权威性、前沿性和实用性提供了坚实保障。

（3）团队贡献：编写团队的贡献体现在他们共同创造的丰硕成果上，包括教材内容的丰富性、准确性及教育价值，以及编写过程中展现出的工作量、工作质量和工作价值。编写团队应追求"大、多、好、快"的编写目标，即广泛的覆盖面、深入的分析、优质的内容以及高效的产出，旨在为社会贡献具有广泛影响力和深远意义的教育资源。

（4）团队合作：团队合作是编写团队成功的关键。团队成员之间建立起了和谐、团结、互助、共赢的合作关系，通过有效的沟通、相互支持和共同进步，展现了强大的团队精神。这种合作不仅促进了编写工作的顺利进行，还增强了团队成员之间的信任与默契，为编写出既有深度又有广度的教材奠定了坚实的基础。

4. 特　点

教材的编写团队具有以下几个特点：

（1）团队组成以行业企业牵头或行业企业、学校共同开发为主，企业人员深度参与，突出体现产教融合的理念和特征；团队成员包含相关学科专业领域专家、教科研人员、一线教师、行业企业技术人员和能工巧匠等，反映教材的编写人员的专业性、多样性、平衡性和协作性。

（2）团队能力以高素质技术技能人才培养为导向，紧密对接行业企业的技术标准和岗位要求，反映教材编写人员的学术造诣、技术水平、创新思维和学习能力；团队成员具有丰富的教学经验、较高的学术水平或较强的技术水平，具有行业或企业实践经历，反映教材的编写人员的教学能力、研究能力、实践能力和应用能力。

（3）团队贡献以教材的编写质量和水平为核心，注重教材的内容真实性、科学性、适用性、规范性等方面，反映教材的编写人员的工作投入、工作产出、工作效果和工作效率；团队成员按照教材的编写目标和要求，分工协作，各司其职，各尽其能，反映教材的编写人员的工作量、工作质量、工作责任、和工作价值。

（4）团队合作以教材的编写效率和效果为目标，注重教材的编写协调、沟通、支持和共享等方面，反映教材编写人员的沟通能力、协作能力、支持能力和共享能力；团队成员相互尊重、相互信任、相互学习、相互促进，反映教材的编写人员的团队意识、团队精神、团队氛围和团队效益。

5. 要　求

教材的编写团队应该满足以下几点要求：

（1）与国家和地方的相关政策、规范、标准等相一致，符合职业教育的人才培养特点和需求，能支撑教材的编写质量和水平。

（2）与行业企业的技术标准、岗位要求、实际解决方案等相对接，符合行业企业的发展需求和规律，能支撑教材的编写效率和效果。

（3）与教师和学生的教学需求、学习需求、发展需求等相吻合，符合教师和学生的教学规律和学习规律，能支撑教材的编写服务和创新。

（4）与教材的编写理念、体例、内容和形态等其他方面相协调，符合教材的编写规律和教学规律，能支撑教材的编写协作和共赢。

（五）教材形态指标

1. 指标考察内容

该指标主要考察教材的内容呈现载体或装帧设计形式，是否符合职业教育的教学特点和需求，是否体现了教材的教学功能和特色，是否突出了教材的教学效果和效率。

2. 内　涵

教材的形态是教材的外在形式，是教材的展示形式，是教材的传播形式，是教材的交互形式。教材的形态决定了教材的内容呈现载体或装帧设计形式，也影响了教材的编写理念、体例、内容和团队等其他方面。

3. 外　延

教材的形态应注意以下几点：

（1）内容呈现载体：教材的内容呈现载体是教材内容展示的物理载体，是教材内容传播的媒介载体，是教材内容交互的技术载体，是教材内容呈现的形式载体。教材的内容呈现载体应该安全、合理、新颖、先进，能够反映教材内容展示的多样性、传播的便捷性、交互的灵活性、呈现的美观性。

（2）装帧设计形式：教材的装帧设计形式是教材内容呈现的视觉形式，是教材内容呈现的审美形式，是教材内容呈现的品牌形式，是教材内容呈现的文化形式。教材的装帧设计形式应该简洁、明了、生动、有趣,能够反映教材内容呈现的清晰性、易读性、趣味性、文化性。

4. 形　态

教材的形态主要包括以下几种:

(1)传统纸质形态。传统纸质形态包括精装本、平装本和活页式等。精装本耐用,适合长期使用的基础教材;平装本轻便实用,适合大多数日常教学场景;活页式便于更新和调整内容,适合快速迭代的学科。这种形态的优势在于阅读体验好,便于批注,不依赖电子设备,但内容更新不便,互动性较差。

(2)数字化形态。数字化形态主要包括电子书、多媒体课件和在线课程。电子书基本复制纸质书的内容,但增加了搜索、笔记等功能;多媒体课件融合文字、图像、音频、视频等多种媒体元素;在线课程则是完整的学习系统,包含教学视频、练习、讨论等模块。这种形态突破了传统教材的局限,具有更强的互动性和及时更新的特点,但对学习者的设备和网络环境有一定要求。

(3)混合式形态。混合式形态是传统纸质形态和数字化形态的结合,如纸质教材配套在线资源,或基础纸质教材搭配数字化辅助材料。这种形态通过二维码或网址链接额外的数字资源,既保留了纸质阅读的体验,又提供了丰富的数字化资源。它结合了两种形态的优点,既满足了传统学习习惯,又能利用数字技术扩展学习内容和方式。

(4)智能化形态。智能化形态利用人工智能、虚拟现实等先进技术打造新一代教材。它包括自适应学习系统、VR/AR 教材和 AI 辅助教材等。自适应学习系统能根据学习者的表现自动调整内容难度和学习路径;VR/AR 教材提供沉浸式的学习体验,特别适合需要大量实践的学科;AI 辅助教材集成智能问答、实时翻译等功能,为学习提供全方位支持。这种形态能够提供高度个性化和交互式的学习体验,但开发成本较高,对技术要求也更高。

(5)模块化形态。模块化形态将教材内容分解成相对独立的知识单元或技能模块。它可以是围绕知识点、特定能力或完整项目构建的学习单元。这种形态便于根据不同教学需求灵活组合,支持个性化学习路径的设计。模块化教材能够更好地适应不同学习者的需求,便于教师根据具体情况选择和组织教学内容,同时也有利于教材的更新和迭代。

5. 要 求

教材形态应该满足以下几个要求:

(1) 实用性和职业导向。职业教育教材应紧密结合行业实际需求和工作岗位要求。教材形态应体现出强烈的实用性和职业导向,内容组织应以工作任务或项目为导向,而不是纯粹的理论知识堆砌,案例和练习应来自真实的工作场景,帮助学生直接对接职业需求,可以采用"工作手册"式的形态,便于学生在实践中参考和使用。

(2) 灵活性和更新便捷性。职业领域的知识和技能更新速度快,教材形态需要具备较强的灵活性,采用活页式或模块化设计,便于及时更新特定内容。结合数字化形态,如在线资源库,确保内容能够快速更新,支持教师根据行业发展和本地需求自主调整教学内容。

(3) 交互性和实践性。职业教育强调"做中学",教材形态应支持高度的交互性和实践性,融入虚拟仿真、AR/VR 等技术,模拟真实工作环境,设计大量的动手实践活动和项目任务,提供在线练习和即时反馈系统,强化技能训练。

(4) 综合性和跨学科性。现代职业往往需要跨学科知识和综合能力,教材形态应支持跨学科知识的整合,设计综合性项目,培养学生的综合职业能力,可采用"主教材+拓展模块"的形式,灵活组合不同领域的知识。

四、职业教育校企合作典型生产实践项目建设指标分析

(一) 项目基础条件

项目基础条件是项目建设的前提和保障,主要考察学校和企业的基础条

件是否能够支持项目的顺利实施,以及校企双方是否有完善的队伍保障机制。该一级指标下有三个二级指标,分别是学校基础、企业基础和队伍保障。

1. 学校基础

项目依托专业(群)建设基础好,师资队伍、实训实验条件等能够满足项目建设需要。国家及省级"双高计划"建设单位优先。

该二级指标的主要观测点应该包括学校和专业的规模、实力、资质、声誉等方面的具体数据和证明材料,以及师资队伍和实训实验条件等方面的具体情况。我们需要从以下几个方面考察学校的基础条件:

学校是否有明确的人才培养规划和目标,是否与国家和地方的人才需求相对接,是否有优势和特色;学校是否有完善的专业课程体系和教学资源,是否符合国家教学标准和职业岗位标准,是否有创新和改革的空间和动力;学校是否有一定数量和水平的专任教师和实训指导教师,是否有双师型教师或产学研人员,是否有定期的培训和考核机制;学校是否有足够的实训实验场地和设备,是否能够模拟真实的工作环境和过程,是否能够与企业共享资源和信息;学校是否是国家或省级的"双高计划"建设单位,是否能够享受政策支持和优惠待遇。

2. 企业基础

校企各方项目管理人员和双导师团队配备齐备,人员结构及承担教学课时比例合理。

该二级指标的主要观测点应该包括企业的规模、行业地位、技术水平、生产规范等方面的具体数据和证明材料,以及实训场地、设备、材料、产业导师等方面的具体情况。我们需要从以下几个方面考察企业的基础条件:

企业是否有稳定的生产经营状况,是否有良好的市场竞争力和发展潜力,是否有社会责任感和公信力;企业是否有先进的技术水平和生产规范,是否能够提供高质量的产品或服务,是否能够与学校共同开展技术研发和创新活动;企业是否有足够的实训场地、设备、材料等资源供学生使用,是否能够保证实训安全和质量,是否能够与学校共同制订实训计划和内容;企业是否有一定数量和水平的产业导师和技术人员参与项目教学,是否能够承担专业课程教学、岗位实践指导、教学研究等任务,是否有定期的培训和考核机制。

3. 队伍保障

校企各方项目管理人员和双导师团队配备齐备,人员结构及承担教学课时比例合理。

该二级指标主要观测点是校企双方项目管理人员及双导师团队的构建、配置与运作,强调其结构的合理性、教学任务的明确性以及团队的整体效能。

首先,校企双方需确保项目管理人员配备齐全,各自指派经验丰富的管理人员负责项目的日常运营、进度监控与问题协调,以确保项目按计划顺利进行。双导师团队的组建尤为关键,应由企业资深技术人员与学校专任教师共同构成,形成理论与实践的完美结合。团队成员在年龄、专业背景、职称等方面应保持合理分布,既保证团队的稳定性与传承性,又激发其创新活力。在教学课时与任务的分配上,校企双方需根据教学需求,合理设置理论教学与实践教学的课时比例,确保学生能够在掌握扎实理论知识的同时,获得充分的实践锻炼。此外,每位导师的教学任务应明确具体,包括课程设计、授课计划、作业批改、实践指导等各个环节,以确保教学质量与效果。为了不断提升团队的教学能力与科研水平,校企双方应建立定期培训与考核机制。通过组织专业技能培训、教育教学理念更新等活动,提升团队成员的综合素质与教学能力。同时,建立科学的考核评价体系,对团队成员的教学质量、科研成果、学生满意度等方面进行综合评估,激励团队成员不断进步与发展。

(二) 项目建设目标及思路

项目建设目标及思路是项目建设的核心和灵魂,主要考察项目是否能够紧密对接国家、区域和企业的人才需求,以及项目的建设思路是否清晰、科学、创新。该一级指标下虽然只有一个二级指标,即"目标确定、思路清晰",但是涵盖了多个方面的内容。

目标确定、思路清晰

项目坚持立德树人、德技并修,紧密对接国家、区域重大需求和企业紧缺人才需求,建设目标明确,思路清晰,可操作性强。

该二级指标的主要观测点应该包括项目的定位、目标、特色、创新点等方面的具体描述,以及项目的实施路径、方法、步骤等方面的具体规划。我们需要从以下几个方面考察项目的建设目标和思路:

项目是否能够明确自己的定位和目标,是否能够符合国家和地方的人才培养规划和政策导向,是否能够满足企业和行业的人才需求和发展趋势;项目是否能够体现出立德树人、德技并修的育人理念,是否能够注重学生的职业素养和职业道德的培养,是否能够平衡学生的专业知识和专业技能的培养;项目是否能够突出自己的特色和创新点,是否能够与同类项目或课程有所区别或与之相比具有优势,是否能够引入新技术、新工艺、新规范等内容;项目是否能够制定清晰、科学、创新、可操作的实施思路和方法,是否能够明确实施步骤和时间节点,是否能够明确实施责任和分工,是否能够明确实施监督和评价等。

(三)重点任务与举措

重点任务与举措是项目建设的关键和难点,主要考察校企双方是否能够真正实现协同育人,以及项目是否能够创新人才培养模式和方式。该一级指标下有五个二级指标,包括签订校企合作协议、校企联合实施人才培养、联合开发课程教学资源、创新考核评价方式、打造双师结构教学团队。

1. 签订校企合作协议

合作协议(或合同)规范完整,能够明确合作专业、工作岗位、用工人数、岗位职责、关键任务、各方职责与分工、成本分担方式、合作期限、争议解决方式等内容。

该二级指标的主要观测点应该包括校企双方签订的合作协议或合同的具体内容和条款。我们需要从以下几个方面考察校企双方的合作协议或合同：

合作协议或合同是否规范完整，是否有法律效力，是否有签字盖章等必要的手续和证明；合作协议或合同是否能够明确合作专业或专业群，是否能够与项目的定位和目标相一致，是否能够体现项目的特色和创新点；合作协议或合同是否能够明确工作岗位和用工人数，是否能够符合企业的人才需求和用工规划，是否能够保证学生的就业质量和稳定性；合作协议或合同是否能够明确岗位职责和关键任务，是否能够与国家职业资格认证和企业入职考核的要求相对接，是否能够体现学生的职业能力和职业素养；合作协议或合同是否能够明确各方职责与分工，是否能够明确项目管理人员和双导师团队的角色和职责，是否能够明确教学课时和实训课时的分配和安排；合作协议或合同是否能够明确成本分担方式，是否能够明确项目建设所需的资金、设备、材料等资源的来源和分配，是否能够明确各方的投入和回报；合作协议或合同是否能够明确合作期限，是否能够符合项目建设的时间节点和周期，是否能够保证项目建设的连续性和可持续性；合作协议或合同是否能够明确争议解决方式，是否能够预防和化解可能出现的各种问题和风险，是否能够保护各方的权益和利益。

2. 校企联合实施人才培养

该二级指标是项目建设的关键和难点，主要考察校企双方是否能够真正实现协同育人，以及项目是否能够创新人才培养模式和方式。

（1）人才培养方案制定的理念先进、路径清晰、流程规范、工作机制完备、人才培养目标定位明确。

该二级指标的主要观测点是项目是否能够根据国家教学标准和职业岗位标准，结合校企双方的资源和优势，制定出符合项目定位和目标的人才培养方案，是否能够体现出协同育人、培养模式创新等方面的理念先进性；项目是否能够明确人才培养的路径，如工学交替、课程安排、实训安排等，是否能够明确人才培养的流程，如知识提升流程、技能进阶流程、能力养成流程、职业发展流程等，是否能够明确人才培养的机制，如管理机构、管理责任、管理制度、管理手段等；项目是否能够明确人才培养目标，如知识掌握、技能运用、创新能力、职业素养等，是否能够与国家职业资格认证和企业入职考核的要求相对接，是否能够保证学生的就业质量和发展空间。

（2）方案设计科学合理，具有可操作性，能够落实国家教学标准和职业岗位标准，体现校企协同育人、培养模式创新，有机融入企业资源要素，有利于学生学习能力、工程实践能力和创新能力的培养和提高。

该指标的主要观测点是项目是否能够在制定人才培养方案的基础上，进一步细化和优化方案设计，使之科学合理、具有可操作性，如明确具体课程内容、课时安排、授课形式、教学地点等；项目是否能够落实国家教学标准和职业岗位标准，如符合专业课程体系的要求、符合岗位职责和工作过程的要求等；项目是否能够体现校企协同育人、培养模式创新等方面的特色和优势，如充分利用学校和企业两种课堂创新教学组织形式，基于真实生产任务灵活组织教学，实现教学过程与工作过程的融合等；项目是否能够有机融入企业资源要素，如利用企业的生产任务和技术资料开发课程教学资源，利用企业的实训场地和设备开展实践教学，利用企业的产业导师和技术人员参与教学指导和考核评价等；项目是否能够有利于学生学习能力、工程实践能力和创新能力的培养和提高，如提高学生的专业知识掌握和运用水平，提高学生的工作技能和操作水平，提高学生的问题解决和创新思维水平等。

（3）共同构建专业核心课程体系，专业课程体系逻辑关系清晰，能够根据培养目标，将专业知识、职业能力和职业素质合理分解到专业课程中，基于企业岗位真实生产任务创新实践教学。

该指标的主要观测点应该包括校企双方共同构建的专业核心课程体系的设计过程和成果展示。我们需要从以下几个方面考察校企双方的专业核心课程体系协作：

校企双方是否能够共同构建专业核心课程体系，是否能够根据培养目标，将专业知识、职业能力和职业素质合理分解到专业课程中，是否能够保证专业课程体系的完整性和系统性；校企双方是否能够明确专业核心课程体系的逻辑关系，是否能够按照教学大纲、教学计划、教学内容、教学方法等方面进行规范化的设计，是否能够保证专业课程体系的内在一致性和外在对接性；校企双方是否能够基于企业岗位真实生产任务创新实践教学，是否能够将生产任务作为教学内容和方法的来源和依据，是否能够将实践教学作为教学过程和效果的检验和提升，是否能够保证专业课程体系的实用性和有效性。

（4）创新教学组织形式，能够充分利用学校和企业两种课堂创新教学组织形式，基于真实生产任务灵活组织教学，工学交替、课时比例合理，实现教学过程与工作过程的融合；能够明确具体课程、课时安排、授课人员、授课形式、教学地点，以及著名企业独立承担的课程等。

该指标的主要观测点应该包括校企双方创新的教学组织形式的设计理念和实施效果等。我们需要从以下几个方面考察校企双方的教学组织形式协作：

校企双方是否能够充分利用学校和企业两种课堂创新教学组织形式，如利用线上或线下的混合式教学、翻转课堂、项目导向教学等方式，提高教学的灵活性和互动性；校企双方是否能够基于真实生产任务灵活组织教学，如将生产任务作为教学内容和方法的来源和依据，将实践教学作为教学过程和效果的检验和提升，将工作岗位作为教学场景和目标的参照和导向；校企双方是否能够实现工学交替、课时比例合理，如根据专业特点和培养目标，合理安排工作岗位实践与专业课程理论的交替顺序和时间比例，保证学生在工作岗位上获得足够的实践经验，在专业课程中获得足够的理论知识；校企双方是否能够实现教学过程与工作过程的融合，如使学生在工作岗位上接受专业课程的理论指导，在专业课程中接受工作岗位的实践反馈，使学生在工作岗位上完成专业课程的考核评价，在专业课程中完成工作岗位的考核评价；校企双方是否能够明确具体课程、课时安排、授课人员、授课形式、教学地点，以及著名企业独立承担的课程等，如制订详细的教学计划和任务书，明确各个环节的时间节点和地点安排，明确各个环节的授课人员和授课形式，明确各个环节的考核评价方式和标准，明确哪些课程由企业导师独立承担，哪些课程由学校导师独立承担，哪些课程由校企双导师共同承担等。

3. 联合开发课程教学资源

能够根据典型生产实践项目目标要求、基于岗位职责和工作过程开发岗位培训手册、活页教材、数字化资源等课程教学资源，能够有机融入新技术、新工艺、新规范，开发思路规划、完成举措、时间路径、责任人等明确具体。

该二级指标的主要观测点应该包括校企双方联合开发的课程教学资源的开发过程和成果展示。我们需要从以下几个方面考察校企双方的课程教学资源协作：

校企双方是否能够基于岗位职责和工作过程开发岗位培训手册、活页教材、数字化资源等课程教学资源，是否能够充分利用企业的生产任务和技术资料，结合学校的教学理论和方法，开发符合岗位要求和学生特点的课程教学资源；校企双方是否能够有机融入新技术、新工艺、新规范等内容，是否能够及时更新和完善课程教学资源，是否能够保持课程教学资源的先进性和适用性；校企双方是否能够明确开发思路、完成举措、时间路径、责任人等，是否能够按照计划和质量要求完成课程教学资源的开发，是否能够有效地沟通和协调开发过程中的问题和风险；校企双方是否能够展示课程教学资源的成果，是否能够提供完整和规范的课程教学资源文件或链接，是否能够提供详细和清晰的使用说明和建议。

4. 创新考核评价方式

校企联合设计和创新教学考核评价方式，职业能力考核评价标准，评价主体、评价方式、评价结果及运用方式科学合理，职业能力评价结果与入职定岗定级定薪挂钩的标准明确、可行性强。

该二级指标的主要观测点应该包括校企双方联合设计和创新的教学考核评价方式的具体内容和实施效果。我们需要从以下几个方面考察校企双方的教学考核评价协作：

校企双方是否能够联合设计和创新教学考核评价方式，是否能够结合国家职业资格认证和企业入职考核的要求，制定科学合理的职业能力考核评价标准，是否能够体现出与传统考试或评价不同的特色和创新点；校企双方是否能够明确评价主体和评价方式，是否能够充分发挥双导师团队在教学考核评价中的作用，是否能够采用多元化的评价方式，如观察、访谈、报告、展示、论文、项目等；校企双方是否能够有效运用评价结果，是否能够及时反馈和改进教学质量和效果，是否能够实现评价结果与入职定岗定级定薪挂钩，是否能够保证学生的就业权益和发展空间。

5. 打造双师结构教学团队

企业导师能够深度参与人才培养，承担专业课程教学任务、指导岗位实践教学、与学校专任教师共同开展教学研究等方面的举措具体明确，有学校导师定期到企业进行岗位实践、参与工程实践的措施。校企双导师教学规范及标准要求明确具体，制定由企业导师承担教学任务、学校教师到企业参与工程实践或技术攻关的取酬标准。

该二级指标的主要观测点应该包括校企双方打造的双师结构教学团队的构建方法和运行机制等。我们需要从以下几个方面考察校企双方的双师结构教学团队协作：

校企双方是否能够打造双师结构的教学团队，是否能够充分发挥企业导师在专业课程教学、岗位实践指导、教学研究等方面的作用，是否能够充分发挥学校导师在岗位实践参与、工程实践协助、技术攻关支持等方面的作用；校企双方是否能够明确双导师的角色和职责，是否能够有效协调双导师的工作安排和取酬标准，是否能够建立有效的沟通和协作机制，是否能够制定科学的考核和激励措施；校企双方是否能够互相学习和借鉴，是否能够共同提升教学水平和质量，是否能够共同开展教学研究和创新活动。

（四）预期成果

预期成果是项目建设的目的和结果，主要考察项目是否能够达到预期目标，是否能够体现项目的特色和创新点，是否能够展示项目的可实现性、可示范性、可推广性等。该一级指标下只有"预期成效与特色创新"这一个二级指标，但是涵盖了多个方面的内容。

预期成效与特色创新

项目建设预期成效显著，特色创新鲜明，科学合理，重点突出，可实现、可示范、可推广。

该二级指标的主要观测点应该包括项目的成效展示、特色创新说明、实现示范案例、推广计划等方面的具体描述。我们需要从以下几个方面考察项目的预期成果：

项目是否能够展示出与同类项目或课程相比在教学效果、学生满意度、就业质量等方面的优势和成效，是否能够通过数据、证据、案例等方式证明项目的有效性和价值；项目是否能够说明自己的特色和创新点，是否能够突出项目在人才培养模式、教学组织形式、课程教学资源、考核评价方式等方面的创新和改进，是否能够引入新技术、新工艺、新规范等内容；项目是否能够提供示范案例，是否能够展示项目在实际运行中的具体情况和效果，是否能够反映出项目的可实现性和可示范性；项目是否能够制订推广计划，是否能够分析项目在不同地区、不同规模、不同水平的院校使用的适应性和可行性，是否能够提供推广策略和方法，是否能够反映出项目的可推广性。

（五）保障措施

保障措施是项目建设的支撑和保障，主要考察企业和学校在校企协同推进机制、项目管理、多元投入机制、政策激励机制、改革发展环境等方面支持项目建设的措施是否具体、做法是否得力。

第三章
现代职业教育体系建设改革部分重点任务指标分析

保障措施

企业和学校在校企协同推进机制、项目管理、多元投入机制、政策激励机制、改革发展环境等方面支持项目建设的措施具体、做法得力。

该二级指标的主要观测点应该包括校企双方在各个方面的具体措施和实施效果。我们需要从以下几个方面考察校企双方的保障措施：

校企双方是否能够建立有效的校企协同推进机制，是否能够明确各自的角色和职责，是否能够建立定期的沟通和协作平台，是否能够及时解决合作过程中的问题和风险；校企双方是否能够建立规范的项目管理体系，是否能够明确项目管理人员和双导师团队的分工和职责，是否能够制订详细的工作计划和任务书，是否能够实行有效的监督和评价机制；校企双方是否能够建立多元的投入机制，是否能够充分利用各自的资源和优势，是否能够共同承担项目建设所需的资金、设备、材料等资源，是否能够共享项目建设所带来的收益和回报；校企双方是否能够享受政策激励机制，是否能够符合国家或地方对于校企合作人才培养项目的政策支持和优惠条件，是否能够获得相应的奖励或补贴等；校企双方是否能够创造良好的改革发展环境，是否能够消除或减少项目建设中可能遇到的制度或文化障碍，是否能够形成积极的改革氛围和创新文化。

第四章

本科层次职业教育建设的思考

本科层次职业教育作为现代职教体系的重要组成部分，是实现"不同类型、同等重要"的重大举措。发展本科层次职业教育是我国产业转型升级对高层次技术技能型人才的现实需求，是推进中国职业教育走向国际的关键之举。

/ 第四章 /
本科层次职业教育建设的思考

一、本科层次职业教育建设的意义

（一）提高人才培养与社会需求的对接

本科层次职业教育，作为高等教育体系的重要组成部分，具有其独特的教育定位和特征。它不同于传统的普通本科教育，其核心在于紧密结合产业发展需求，注重培养学生的专业技能和实际操作能力。这种教育形式兼顾理论教学和实践应用，着重于培养学生面对真实职场挑战的能力，以及适应快速变化的劳动市场需求的灵活性。本科层次职业教育的核心特点在于其课程设置和教学方式。这些课程通常更加聚焦于特定行业的实际需求，强调实践技能的培养和现代技术的应用。例如，面对国家战略性新兴产业的人才需求，许多职业院校开设了与智能制造、大数据与会计、新能源技术等相关的专业课程。这些课程不仅涵盖了行业所需的专业理论知识，还包括了大量的实验室工作、项目实训和企业实习，使学生能够在校园内外获得实际操作经验。与此同时，本科层次职业教育与普通本科和专科教育相比，更注重技术应用和职业技能的培养。传统的普通本科教育侧重于理论知识的传授和学术研究，而职业本科教育更多地关注如何将这些理论知识应用到实际工作中，解决实际问题。这种教育模式不仅要求学生掌握扎实的专业知识，还要求他们具备良好的实践能力、创新能力和团队合作精神。本科层次职业教育的另一个显著特征是其与企业和行业的紧密联系。许多职业院校通过与企业合作，共同设计课程内容，提供实习实训机会，甚至参与学生的职业规划和就业指导。这种校企合作模式不仅使教育内容更加贴合行业需求，也为学生提供了接触真实工作环境的机会，使他们能够更好地了解行业动态，提前适应未来的职业生涯。本科层次职业教育以其独特的教育定位、课程设置和教学方式，在高等教育体系中占据重要地位。它不仅满足了社会和经济发展对高技能人才的需求，也为学生提供了更多元化的教育选择和职业发展路径。

建设本科层次职业教育对于满足当代社会和经济发展的需求具有至关重要的意义。随着经济的快速发展和产业结构的持续升级，对高素质技术技能型人才的需求日益增长。传统的高等教育体系，特别是普通本科教育，往往更注重理论知识的教授，而不足以满足快速变化的市场需求。因此，本科层次职业教育的建设成为连接高等教育与市场需求之间的重要桥梁。

首先，本科层次职业教育有助于缩小教育与行业需求之间的差距。通过与行业紧密合作，职业院校能够及时了解并响应市场的最新需求，制定和调整课程设置，使之更加贴合行业实际。例如，面对数字经济和人工智能的兴起，众多职业院校纷纷增设相关专业，如数据分析、机器学习等，以培养适应新兴行业需求的专业人才。这些课程不仅包括必要的理论学习，还重视实践能力的培养，如通过实验室工作、项目合作等方式，使学生在在校期间就掌握实际应用技能。

其次，本科层次职业教育对促进学生的全面发展和就业具有重要作用。在职业教育的培养过程中，校方不仅要教授学生学习专业知识和技能，还会培养其解决实际问题的能力、创新思维和团队协作精神。这种教育模式使学生在毕业时具备更强的就业竞争力和更广阔的职业发展前景。例如，南京工业职业技术大学通过与地方企业的合作，为学生提供了丰富的实习实训机会，这不仅提升了学生的职业技能，还增强了其就业市场的适应性和灵活性。

最后，本科层次职业教育还能有效响应国家的战略需求。随着我国经济发展进入新阶段，对高层次技术技能型人才的需求日益增长。例如，在"制造强国""一带一路"等国家战略的推动下，对具备国际视野和专业技能的人才需求尤为迫切。本科层次职业教育通过培养具备这些能力的高素质人才，为国家战略的实施提供了坚实的人力资源支持。本科层次职业教育的建设对于匹配教育与经济社会发展需求具有重要意义。它不仅有助于提高人才培养的质量和效率，还能够为国家的经济发展和社会进步作出重要贡献。

第四章
本科层次职业教育建设的思考

本科层次职业教育与社会经济的紧密对接,是实现教育与市场需求一致性的关键。这种对接不仅涉及课程内容的实时更新,还包括教育模式的创新和人才培养机制的优化。本科层次职业教育的核心目标是培养能够直接投入到社会经济发展中的高层次技术技能人才,这不仅要求学生掌握专业知识和技能,还要求他们具备良好的创新能力和社会适应性。首先,本科层次职业教育需要紧跟社会经济发展的步伐,及时调整和优化课程设置。例如,面对国家新能源战略的推进和环保产业的迅速发展,一些职业院校增设了新能源技术、环境工程类等相关专业,并不断更新课程内容,以适应行业技术的最新发展。通过这样的课程创新,学生不仅能够学习到前沿的理论知识,还能通过实践活动掌握现代技术的应用,为未来的职业生涯做好准备。其次,为了更好地实现教育与社会经济的对接,本科层次职业教育强调实践教学的重要性。通过建立与行业企业的合作关系,职业院校可以为学生提供丰富的实习和实训机会。例如,与地方制造业企业的合作,使得学生能够在学习过程中参与到真实的生产项目中,了解行业动态,锻炼实际操作能力。这种校企合作模式不仅提高了教育的实用性和有效性,也使得学生能够更快地适应职场环境,提高就业竞争力。最后,本科层次职业教育还注重培养学生的创新能力和终身学习能力。在经济全球化和技术不断革新的背景下,职业院校鼓励学生参与科研项目、创新竞赛等活动,培养其解决复杂问题的能力和自主学习的习惯。这种教育模式不仅为学生提供了丰富的学习资源和机会,也为他们未来的职业发展奠定了坚实的基础。总之,本科层次职业教育与社会经济的对接是一个动态和多维的过程。通过不断创新课程内容、加强实践教学、培养学生的创新和自主学习能力,职业院校能够有效地提高人才培养的质量,更好地满足社会经济发展的需求。

本科层次职业教育的课程与教学创新是提高教育质量和满足社会需求的核心环节。这种创新旨在通过实践和应用驱动的教学方法,使学生能够更好地融入实际工作环境,培养其解决实际问题的能力。为此,职业院校正在采取一系列措施，创新课程内容和教学方法，以适应快速变化的社会和经济需求。首先，在课程设置上，职业院校正不断引入与行业发展紧密相关的新课程。例如，针对数字化转型的趋势，一些院校增设了大数据分析、云计算、人工智能等专业，这些课程不仅包含最新的技术理论，还结合了大量的案例分析和项目实践。通过这种课程设置，学生可以在学习过程中直接接触到行业的最新技术和应用，从而更好地适应未来的工作环境。其次，教学方法的创新也是本科层次职业教育不断发展的重要方面。传统的讲授式教学正在逐渐向项目驱动、案例分析和团队合作等互动式教学转变。例如，基于项目的学习（PBL）模式，在课堂上引入真实的行业项目，让学生在解决实际问题的过程中学习和应用专业知识。这种教学方法不仅提升了学生的学习兴趣，还锻炼了他们的团队合作和问题解决能力。最后，职业院校还重视将技术创新融入教育过程。随着VR、AR等新技术的发展，一些院校开始利用这些技术提供模拟的工作环境，使学生能够在安全的虚拟环境中进行实践操作和技能训练。本科层次职业教育的课程与教学创新是实现教育目标的关键。通过不断更新课程内容、采用更加互动和实践导向的教学方法，以及利用新技术提升教学效果，职业院校能够更好地培养适应未来社会和经济需求的高素质技能型人才。

面对快速变化的经济环境和技术进步，本科层次职业教育面临着一系列挑战。本科层次职业教育不仅要适应经济的全球化和信息化，还要积极响应行业对高层次应用型人才的需求。这些变化要求本科层次职业教育不断创新和改革，以培养符合未来社会需要的高层次复合型人才。

首先，技术的快速发展对本科层次职业教育提出了更高的要求。随着人工智能、物联网、大数据等新兴技术的广泛应用，本科层次职业教育需要不仅传授基础理论知识，还要深入探讨这些技术的应用和创新。这意味着要在现有课程中融入前沿技术内容，开设跨学科的新专业，并提升教师队伍的研究和实践能力，以培养能够引领技术发展的高层次应用型人才。

其次，随着经济全球化的深入，本科层次职业教育需要培养具有国际竞争力的高素质人才。这要求本科层次职业院校不仅要提供扎实的专业知识和技能培训，还要加强学生的外语能力、跨文化沟通能力和国际视野。通过开展高水平的国际合作项目，如联合培养、海外实习等，使学生能够在国际化的环境中学习和实践，为未来在全球化背景下的职业发展做好准备。

最后，本科层次职业教育还面临着如何更好地结合行业高端需求和学术研究的挑战。在不断升级的产业结构中，本科层次职业教育需要培养既有扎实理论基础，又具备创新能力和实践能力的复合型人才。这不仅需要职业院校提供多样化的高水平课程，还需要加强产学研合作，为学生提供参与实际项目和科研活动的机会。通过建立产学研一体化的教育模式，本科层次职业院校可以帮助学生将理论知识与实际应用相结合，提高其在高端就业市场的竞争力和未来的职业发展潜力。

本科层次职业教育在未来的发展中将面临多重挑战，但同时也拥有巨大的发展潜力。通过不断创新教育内容、方法和模式，加强国际合作，以及关注学生的个性化发展，职业院校可以更好地适应未来社会和经济的发展需求，为培养适应未来的高素质技能型人才作出贡献。

（二）本科层次职业教育对推动科技创新和产业升级的作用

在当代经济与技术快速发展的背景下，本科层次职业教育在推动科技创新方面发挥着一定程度的推动作用。作为技术进步和产业升级的部分力量，本科层次职业教育正逐渐成为培养具有创新精神和技术能力的专业人才的重要基地。这种教育模式不仅重视专业技能的培养，而且强调创新能力的提升，为新兴科技领域提供了人才支持。

在这些专业的培养过程中，学生不仅学习前沿的科技理论，还通过各种实验、项目实践和企业实习，深入理解技术的应用和创新过程。例如，深圳职业技术大学，通过与行业领先企业的合作，为学生提供了接触最新科技和参与研发项目的机会,增强了参与学生的创新意识和实际操作能力。此外,本科层次职业教育在培养学生面对快速技术变革的适应能力方面也展现了显著优势。在教学过程中,这些院校不仅注重理论知识的传授,更重视学生批判性思维和创新思维的培养。通过引导学生参与科研项目和创新竞赛,职业院校激发了学生的创造潜能,培养了他们独立思考、解决问题的能力。例如,天津职业技术师范大学的学生在国内外多项技术创新竞赛中屡获佳绩,展示了职业教育在培养创新能力方面的显著成效。因此,本科层次职业教育作为科技创新的驱动力,其重要性不言而喻。这种教育模式通过培养具有实践能力和创新精神的专业人才,为科技进步提供了坚实的基础,同时也为产业的持续发展和升级转型提供了强大的人才支持。

在产业升级的关键时期,本科层次职业教育扮演着至关重要的角色,特别是在培养与产业需求紧密相连的高素质人才方面。职业院校通过一系列创新策略和实践活动,有效地促进了产业升级过程中的人才培养。职业院校针对产业升级的需求,积极调整和优化课程体系。这些院校通过持续监测行业发展趋势和技术变革,及时更新课程内容,确保教学内容与产业最新发展保持同步。例如,面对制造业的智能化转型,许多职业院校增加了与智能制造、工业 4.0 相关的课程,如机器人技术、自动化控制等,这些课程不仅覆盖了最新的技术理论,还包含了大量的实践操作和项目应用,以确保学生能够掌握实际工作中所需的技能。

除了课程内容的更新,职业院校还注重提升教学方法的实效性和创新性。许多院校采用了项目导向学习(PBL)和基于学习产出的教育模式(OBE)、案例教学等方法,将理论学习与实际工作情境紧密结合。通过这种方式,学生能够在真实或模拟的工作环境中应用所学知识,解决实际问题。例如,河北工业职业大学与北控水务集团合作,让学生参与到真实的工程项目中,从而提高了学生的工程实践能力和创新思维。同时,职业院校还重视与行业企业的深度合作,共同推动产业升级。通过校企合作,学生有机会参与到企业的实际工作中,获取第一手的行业经验,同时企业也能直接参与人才培养过程,提出具体的技能要求。这种合作模式不仅为学生提供了宝贵的实践机会,也为企业输送了更符合行业需求的人才。例如,湖南汽车工程职业大学与中车时代电动汽车股份有限公司合作,共同开展了多个研发项目,学生在参与这些项目的过程中,不仅提升了专业技能,还培养了解决复杂工程问题的能力。本科层次职业教育在产业升级中的人才培养方面展现出显著的优势。通过不断更新课程内容、采用创新教学方法和加强校企合作,职业院校能够有效地培养符合产业升级需求的高素质人才,为经济和社会发展提供强有力的支撑。

校企合作在本科层次职业教育中发挥着核心作用,尤其是在将教育内容与产业实际需求紧密结合的过程中。这种合作模式不仅为学生提供了实战经验,也为企业培养了直接投入工作的专业人才。以下是一些职业本科学校在校企合作方面的成功案例:广东工商职业技术大学紧密对接广东省战略性支柱产业,深化产教融合、校企合作,与广东风华高新科技股份有限公司共同成立风华现场工程师学院,学校聘请了 11 名风华高科高层次工程技术专家和管理骨干为企业特聘教师,参与专业设置、专业建设、课程管理等协同合作育人。同时双方共建校内实训基地,将原值 2000 万左右的电容和电阻两条线的主要设备搬迁到校内基地,将工厂搬进校园,把车间搬进课堂,将实际工作问题和案例生动地再现到课堂。河北工业职业技术大学与北控水务集团共建现代产业学院,力求实现"资源组织社会化,院务管理现代化,运营机制市场化,教学科研专业化"的运作路径,大力实践先进的办学理念和办学模式,将产业学院建设成为集人才培养、科学研究、发明创造、技术开发为一体的综合性平台,共同探索多元主体办学和管理的新模式,树立高等教育改革创新的样板。依托产业学院,学校与北控水务(中国)投资有限公司联合申报的现场工程师联合培养项目成功获批河北省第一批现场工程师专项培养计划。该项目开展校企共同组织授课、更新教学资源、编写教材、发表论文等工作,同时组织现场工程师班的学生入企学习,邀请企业导师来校开展主题讲座,安排专业教师进行入企实践等。河北石油职业技术大学积极联合万华化学公司、华为有限公司和长城汽车公司分别建立了万华化学产业学院、鲲鹏产业学院和长城汽车产业学院，不断拓宽校企合作的广度和深度，实现纵向贯通，横向融通，为优秀企业培养更多优秀人才奠定良好基础。2023年度依托产业学院年培训人数达到2000人次，为万华化学、燕山石化、中石化等石油石化企业输送高素质技术技能人才1000余人，完成56门课程的420个工程案例汇编，学生通过参与真实的行业项目，不仅获得了实际的工作经验，还提升了职业技能和解决实际问题的能力。

本科层次职业教育在培养学生的创新能力方面采取了一系列有效的方法和策略。这些做法不仅增强了学生的专业技能，也激发了他们的创新精神和解决问题的能力，这对于适应快速变化的工作环境和推动产业的技术创新至关重要。

首先，许多职业院校通过实施项目驱动学习，促进学生的创新思维。在这种教学模式下，学生需要围绕实际的行业问题或项目开展学习和研究，让学生参与真实的工程项目，不仅学习专业知识，还培养了发现问题、分析问题和解决问题的综合能力。

其次，创新实验室和技术孵化中心的建立也是促进学生创新能力发展的重要手段。这些平台提供了必要的资源和环境，让学生能够自由地探索新技术，并将其应用于实际项目中，例如新疆农业职业技术大学与畜牧龙头企业共建实验室，鼓励学生进行科技创新和技术研发，有效地提升了学生的实践能力和创新能力。

最后，职业院校还通过与企业的合作，为学生提供了参与真实研发项目的机会。这种校企合作不仅使学生能够直接接触到行业的最新技术和趋势，还促进了学生创新思维的发展。例如，广西农业职业技术大学与广西壮族自治区动物疫病预防控制中心共建实习实训基地，开展研发项目，学生在这些项目中不仅学到了先进技术，还锻炼了自己的创新和实践能力。通过这些方法和策略，本科层次职业教育在培养学生的创新能力方面取得了显著成效。这种以实践和创新为导向的教育模式不仅提升了学生的专业技能，还激发了他们的创新精神，为未来的职业生涯和社会经济发展作出了重要贡献。

/ 第四章 /
本科层次职业教育建设的思考

本科层次职业教育在面向未来的发展中，需要不断创新和调整其教育模式，以适应经济和技术的快速演变。随着全球经济的变化和技术革新的不断推进，职业教育的教学内容、方法以及合作模式都需要进行相应的调整和创新，以确保培养出的人才能够满足未来社会和产业的需求。首先，课程设计需要更加灵活并具有前瞻性。随着新兴技术和行业的快速发展，本科层次职业教育应及时更新和扩展其课程内容，以包含最新的技术发展和行业趋势。此外，课程设计还应更加注重跨学科融合和综合能力的培养。例如，对于人工智能专业的学生，除了专业技术课程外，还应增加数据分析、心理学、伦理学等相关学科的课程，以培养学生的全面能力。其次，教学方法的创新也至关重要。随着数字化教学资源的丰富和在线教育平台的发展，职业院校应积极探索混合式教学、远程教育等新型教学模式。通过利用虚拟现实、增强现实等技术，可以为学生提供更加生动和互动的学习体验。例如，利用VR模拟实验室，学生可以在虚拟环境中进行实验操作，不仅提高了学习的趣味性，还提高了学习的安全性和效率。再次，未来的职业教育还需要更加注重与产业的深度融合和国际合作。通过与行业领先企业的合作，职业院校可以将最新的行业动态和技术应用直接引入教学中。最后，国际合作能够为学生提供更广阔的视野和多元化的学习机会，培养具有全球竞争力的人才。面向未来的本科层次职业教育需要不断创新和适应，通过灵活的课程设计、创新的教学方法以及紧密的校企合作和国际交流，职业院校可以更好地培养适应未来经济和技术发展的高素质人才。

二、本科层次职业教育建设的问题与挑战

（一）当前本科职业教育面临的主要困境

据2024年6月教育部最新公布的《全国普通高等学校名单》显示，我国本科层次职业学校已有51所，名单见表4-1：

表 4-1 我国本科层次职业学校名单

序号	学校名称	学校标识码	所在地	办学层次	备注
1	民政职业大学	4111014139	北京市	本科	
2	河北工业职业技术大学	4113016204	石家庄市	本科	
3	河北科技工程职业技术大学	4113016203	邢台市	本科	
4	河北石油职业技术大学	4113016202	承德市	本科	
5	唐山工业职业技术大学	4113012787	唐山市	本科	
6	山西工程科技职业大学	4114016201	太原市	本科	
7	运城职业技术大学	4114014226	运城市	本科	民办
8	辽宁理工职业大学	4121012595	锦州市	本科	民办
9	长春汽车职业技术大学	4122011436	长春市	本科	
10	哈尔滨职业技术大学	4123012911	哈尔滨市	本科	
11	上海中侨职业技术大学	4131012915	上海市	本科	民办
12	南京工业职业技术大学	4132010850	南京市	本科	
13	浙江广厦建设职业技术大学	4133013029	金华市	本科	民办
14	浙江药科职业大学	4133016207	宁波市	本科	
15	金华职业技术大学	4133012061	金华市	本科	
16	浙江机电职业技术大学	4133012861	杭州市	本科	
17	泉州职业技术大学	4135012928	泉州市	本科	民办
18	南昌职业大学	4136013420	南昌市	本科	民办
19	景德镇艺术职业大学	4136013435	景德镇市	本科	民办
20	江西软件职业技术大学	4136013776	南昌市	本科	民办
21	江西职业技术大学	4136011785	九江市	本科	
22	山东工程职业技术大学	4137013356	济南市	本科	民办
23	山东外国语职业技术大学	4137013387	日照市	本科	民办
24	山东外事职业大学	4137013874	威海市	本科	民办
25	河南科技职业大学	4141014169	周口市	本科	民办
26	漯河食品工程职业大学	4141014233	漯河市	本科	民办

第四章 本科层次职业教育建设的思考

续表

序号	学校名称	学校标识码	所在地	办学层次	备注
27	湖南软件职业技术大学	4143013925	湘潭市	本科	民办
28	湖南汽车工程职业大学	4143013937	株洲市	本科	
29	广州科技职业技术大学	4144013717	广州市	本科	民办
30	广东工商职业技术大学	4144013721	肇庆市	本科	民办
31	深圳职业技术大学	4144011113	深圳市	本科	
32	广东轻工职业技术大学	4144010833	广州市	本科	
33	广西农业职业技术大学	4145016205	南宁市	本科	
34	广西城市职业大学	4145013920	崇左市	本科	民办
35	南宁职业技术大学	4145011355	南宁市	本科	
36	柳州职业技术大学	4145012104	柳州市	本科	
37	海南科技职业大学	4146014172	海口市	本科	民办
38	重庆机电职业技术大学	4150012607	重庆市	本科	民办
39	重庆电子科技职业大学	4150012609	重庆市	本科	
40	成都艺术职业大学	4151012969	成都市	本科	民办
41	四川工程职业技术大学	4151012763	德阳市	本科	
42	贵阳康养职业大学	4152016206	贵阳市	本科	
43	贵州交通职业大学	4152012222	贵阳市	本科	
44	西安汽车职业大学	4161013738	西安市	本科	民办
45	西安信息职业大学	4161014030	西安市	本科	民办
46	兰州石化职业技术大学	4162016209	兰州市	本科	
47	兰州资源环境职业技术大学	4162016208	兰州市	本科	
48	甘肃林业职业技术大学	4162012835	天水市	本科	
49	青海职业技术大学	4163012973	西宁市	本科	
50	新疆天山职业技术大学	4165013727	乌鲁木齐市	本科	民办
51	新疆农业职业技术大学	4165010995	昌吉回族自治州	本科	

以民办职业本科院校为主的本科层次职业教育在吸引力方面面临挑战。从 2014 年起，职业本科进入公众视野。2021 年，中共中央办公厅、国务院办公厅印发《关于推动现代职业教育高质量发展的意见》，要求到 2025 年，职业本科教育招生规模不低于高等职业教育招生规模的 10%。《2020 年全国教育事业发展统计公报》显示，2020 年全国高职（专科）招生 524.34 万人，如果每年保持这个招生规模，意味着到 2025 年后，职业本科学校每年会招生 50 余万人。目前，这一规模离"职业本科教育招生规模不低于高等职业教育招生规模的 10%"的目标还遥不可及。虽然各高职院校都积极尝试，但不可否认，在近 10 年的探索中，职业本科办学定位应该如何确定、教育模式如何调整、未来如何提高社会对职业本科的认可度等核心问题还未解决，而且以民办为主要构成的职业本科，其吸引力明显不足。

本科层次职业教育在资源配置和资金投入方面面临着显著的挑战。尽管近年来政府对职业教育的支持力度有所增强，但相较于传统的高等教育，本科职业教育在资金和资源分配上仍存在不足。这种差距直接影响了职业院校的基础设施建设、教学设备更新以及实验实训条件的改善，从而限制了教育质量的提升。例如，据《中华职业教育发展报告（2021）》显示，部分职业院校的人均教育投入远低于普通本科院校的平均水平。这不仅影响了教学质量，还导致了师资队伍的不稳定，因为低投入使得院校难以吸引和留住高水平的教师。同时，学校的实验实训设施往往落后，无法满足现代职业教育对实践教学的需求。此外，资源的不足也限制了职业教育的创新和发展。由于缺乏必要的资金支持，职业院校难以进行教学内容和方法的创新，也无法充分利用现代化教育技术。例如，虽然 VR 和 AR 技术在教学中具有巨大潜力，但由于设备和软件的高成本，许多职业院校无法将这些技术应用于教学实践中。资源和资金投入的不足是本科职业教育面临的重要困境之一。这不仅影响了教育质量和教学创新，还对学生的学习体验和职业技能的培养产生了负面影响。因此，加大对本科层次职业教育的投入，改善资源配置，是提升职业教

第四章
本科层次职业教育建设的思考

育质量和促进其可持续发展的关键。

本科层次职业教育在课程设置方面经常面临着与行业需求脱节的挑战。这一问题主要表现在课程内容与市场需求不匹配、教学方法陈旧以及缺乏行业实践的机会。这种脱节不仅影响了学生的就业前景,也限制了职业教育对行业发展的贡献。首先,许多职业院校的课程内容还停留在传统的理论教学上,与行业的快速发展和技术革新步伐不一致。例如,在信息技术快速发展的今天,一些职业院校的计算机科学与技术专业仍然侧重于基础的编程技能,而对于大数据、人工智能等新兴领域的教学投入不足。这导致学生在毕业后难以满足行业的实际需求,进而影响了他们的就业竞争力。其次,教学方法的陈旧也是一个突出问题。许多职业院校仍然采用传统的课堂讲授方式,缺乏创新和互动性。这种教学方式难以激发学生的学习兴趣和创新思维,也不能有效提升学生的实际操作能力。例如,一些工程技术专业的学生反映,他们在课堂上学到的知识与实际工作中遇到的问题相距甚远,使他们在实习和就业时感到困惑和挫败。最后,缺乏与行业紧密结合的实践机会也是课程设置的一个重大弱点。实际工作经验对于职业教育学生尤为重要,但许多院校未能为学生提供充分的实习和项目实践机会。例如,某些设计专业的学生反映,他们很少有机会参与真实的设计项目,使他们的理论知识与实践应用无法匹配。因此,解决课程设置与行业需求脱节的问题,需要职业院校密切关注行业发展动态,及时更新和优化课程内容,同时改革教学方法,增加实践教学的比重。只有这样,本科层次职业教育才能真正满足行业需求,培养出具有实际工作能力和创新精神的高素质人才。

本科层次职业教育在提升教育质量和完善评价体系方面面临重要挑战。教育质量的不一致性和评价体系的不完善不仅影响了教育的有效性,还可能导致学生的能力发展和就业前景受限。首先,教育质量的不一致性体现在教师的教学能力和教学资源的分配上。一些职业院校由于缺乏高水平的教师和先进的教学资源,难以提供高质量的教育。例如,部分院校的师资力量薄弱,缺乏行业经验丰富的教师，导致教学内容与实际行业需求脱节。此外，教学方法的单一化和过度依赖书本知识也限制了学生创新能力和实际操作能力的培养。其次，现有的评价体系往往过于注重理论知识的考核，而忽视了实践技能和创新能力的评估。这种偏向于书本知识的评价体系不能准确反映学生的综合能力，也无法激励学生积极参与实践活动。例如，一些专业的考核仍然以闭卷考试为主，忽略了学生在项目实践、团队合作和解决实际问题方面的表现。最后，评价体系的不完善也影响了教育改革的推进。缺乏有效的评估工具和机制，使得教育改革难以获得准确的反馈和调整。例如，一些新的教学方法和课程改革由于缺乏系统的评估和反馈，难以在全院范围内推广和深化。因此，提升本科层次职业教育的质量，需要强化师资队伍建设，引入多样化的教学方法，并改革评价体系，使之更加全面和客观。只有这样，职业教育才能真正满足行业的需求，培养出具有实际操作能力和创新精神的优秀人才。

校企合作是本科层次职业教育的一个重要组成部分，但在实际操作中面临诸多挑战和局限性。这些问题不仅影响合作的效果，也限制了职业教育发展的潜力和质量。首先，合作的稳定性和深度不足是一个突出问题。许多职业院校与企业的合作往往停留在表面，缺乏深入的、长期的战略合作关系。例如，一些合作项目仅限于学生的短期实习，而没有深入课程内容的共同开发或教学资源的共享。这种浅层次合作难以实现资源的有效整合，也无法充分发挥校企合作在人才培养中的作用。其次，企业对人才培养的需求与院校教育目标之间存在差异。一些企业更加注重学生的即时操作技能和工作经验，而忽视了理论知识和长期职业发展所需的综合素质。这种短期需求导向的合作模式可能会导致院校教育偏离其长远的人才培养目标，影响学生的全面发展。最后，校企合作在资源分配和利益协调方面也存在挑战。资源分配的不均衡可能导致一些优质的合作资源集中在少数院校，而多数院校则缺乏有效的合作机会。同时，院校与企业在利益分配上的不一致，如知识产权的归属、项目成果的分享等，也可能成为合作的障碍。加强和改进校企合作是提升本科层次职业教育质量的关键。需要建立更加稳定深入的合作关系，明确双方在人才培养中的角色和责任，协调好资源分配和利益共享，以促进合作的有效性和持续性。

本科层次职业教育学生在就业和职业发展方面面临着诸多困境，这些挑战不仅关系到个人的未来，也影响着职业教育的社会认可和发展。尽管职业教育旨在培养具有实用技能的人才，但毕业生的就业率和就业质量仍然是一个严峻的问题。

首先，毕业生的就业率和就业质量不高是一个普遍现象。许多本科层次职业教育毕业生在求职过程中面临较大困难，特别是在高端和专业性强的行业。其次，职业院校学生在职业规划和发展方面的指导不足也是一个重要问题。许多院校缺乏有效的职业指导和咨询服务，无法为学生提供针对性的职业规划和就业指导。这导致学生在面对就业市场时缺乏准备和自信，难以准确评估自身的优势和市场的需求。最后，毕业生的职业技能和软技能方面存在水平上的差距也影响了他们的就业和职业发展。尽管职业院校重视实践技能的培养，但在沟通能力、团队合作、创新思维等软技能方面的培养不足，限制了学生适应多变职场的能力。因此，为了提高本科层次职业教育毕业生的就业率和职业发展质量，需要从提升教育质量、加强与行业的联系、优化课程设置以及加强职业指导和咨询等多个方面着手。同时，加强对毕业生软技能的培养也是关键，以增强他们的职场适应性和职业竞争力。

（二）改革本科职业教育的紧迫性和难点

本科层次职业教育改革的紧迫性源于当前社会和经济发展的快速变化，这些变化对高等教育提出了新的挑战和需求。随着全球经济的转型和科技革命的加速，特别是在制造业、服务业、信息技术等领域，对具有高技能、创新思维和跨学科能力的专业人才的需求日益增加，政府关于本科层次职业教育的政策文件也更加密集，如表4-2所示：

表 4-2　政府关于本科层次职业教育的政策文件名单

年份	政策名称	核心内容
1985 年	《中共中央关于教育体制改革的决定》	首次提出构建职业教育体系
1996 年	《中华人民共和国职业教育法》	确立了职业教育体系的法定地位
2014 年	《国务院关于加快发展现代职业教育的决定》	采取试点推动、示范引领等方式，引导一批普通本科高等学校向应用技术类型高等学校转型，重点举办本科职业教育
2015 年	《高等职业教育创新发展行动计划（2015—2018 年）》	强化地方政府统筹发展职业教育的责任，落实高等职业院校办学自主权，探索本科层次职业教育实现形式
2015 年	《关于引导部分地方普通本科高校向应用型转变的指导意见》	按照试点一批、带动一片的要求，确定一批有条件、有意愿的试点高校率先探索应用型（含应用技术大学、学院）发展模式。充分发挥试点高校的示范引领作用，激发高校转型内生动力活力，带动更多地方高校加快转型步伐，推动高等教育改革和现代职业教育体系建设不断取得新进展
2019 年	《国家职业教育改革实施方案》	职业教育与普通教育是两种不同教育类型，具有同等重要地位
2019 年	《关于做好职业教育本科层次试点学校完善提高和测评指导工作的通知》	对试点学校设立完善提高期，并在完善提高期结束时进行测评指导
2020 年	《关于组织开展本科层次职业教育试点专业设置论证工作的通知》	筹备推进本科层次职业教育试点工作
2021 年	《本科层次职业学校设置标准（试行）》《本科层次职业教育专业设置管理办法（试行）》	推动职业本科教育工作向前迈出实质性的一大步
2021 年	《关于做好本科层次职业学校学士学位授权与授予工作的意见》	本科层次职业教育学士学位授予单位应建立学士学位管理和质量保障的相关规章制度，依法依规开展学士学位授予工作，确保本科层次职业教育学士学位授予质量

/ 第四章 /
本科层次职业教育建设的思考

然而,现有的本科层次职业教育系统在多个方面与这些新兴需求不相符,从课程设计到教学方法,再到人才培养模式,都显得过时且缺乏灵活性。这些问题的存在导致了毕业生的实际技能和市场需求之间的差距,降低了就业竞争力,同时也限制了国家经济发展的潜力。

从国家层面来看,政府已经认识到这一问题的严重性,并在《国家职业教育改革实施方案》中提出了一系列改革措施。然而,这些政策的实施面临多重阻碍,包括传统观念的束缚、资源分配不均、教育体制的僵化等。这些阻碍不仅影响了改革的进程,也阻碍了职业教育质量的提升和毕业生就业能力的提高。本科层次职业教育改革的紧迫性不仅仅体现在对教育本身的内部改革需求上,更体现在适应国家经济社会发展的大环境中。只有通过深入的改革,提升教育质量,创新人才培养模式,本科层次职业教育才能真正满足社会和经济的发展需求,培养出能够适应未来挑战的高素质人才。

本科层次职业教育在课程改革方面面临着重大的难点,这些难点不仅源于教育体系内部的惯性,也与行业的快速变化发展有关。首先,课程内容的更新滞后是一个明显的问题。许多职业院校的课程体系仍然围绕传统的产业和技术设置,缺乏对新兴技术和行业的响应。例如,虽然数字化、智能制造、绿色能源等领域的人才需求日益增加,但相关的课程设置却远远落后于行业的发展。这种滞后不仅影响了学生的就业能力,也降低了教育的社会价值。其次,教学方法的创新困难也是课程改革的一大难点。传统的授课方式,如单向讲授和书本学习,难以满足现代职业教育对实践能力和创新思维的培养需求。然而,要改变这一模式,需要教师队伍的转型和教学资源的投入,这在现有的教育体制和资源配置下是一项巨大的挑战。针对这些难点,职业院校需要采取多元化的对策。其一,应加强与行业的联系,定期对课程内容进行评估和更新。通过建立校企合作机制,引入行业专家参与课程开发,可以确保课程内容的时效性和实用性。其二,探索以学生为中心的教学方法,如项目式学习、案例教学、模拟实训等,可以提高学生的参与度和学习效果。其三,加强教师的专业培训和发展,鼓励他们采用创新的教学方法,也是改革的重要组成部分。其四，发挥政策在课程改革中的支持作用。政府应通过资金支持、政策引导和评估体系的优化，激励职业院校进行课程改革，促进其与行业需求的对接。这不仅有助于提升教育质量，也能提高毕业生的就业竞争力。

在本科层次职业教育中，师资队伍的建设是实现教育目标的关键因素，但目前这方面面临着诸多挑战。首先，教师专业素质和行业经验的不足是一个显著问题。许多职业院校的教师虽具备基本的教学能力，但在最新行业技术和实际工作经验方面存在缺陷。这种现状直接影响了教学内容的质量和实用性，限制了学生技能的发展。其次，教师队伍的年龄结构和知识更新速度也是挑战之一。随着科技的快速发展，许多现有教师的知识和技能很快变得过时。而同时，吸引年轻、有活力且具备行业最新知识的教师加入教师队伍也非常困难。这种状况需要通过加强师资培训和引进行业专家来改善。对策上，职业院校应加强师资队伍的建设和专业发展。其一，加大对在职教师的培训力度，特别是在新兴技术和教学方法上的培训。其二，引进行业专家作为兼职教师或讲座教授，可以有效补充师资队伍的实践经验和专业知识。其三，鼓励教师参与行业实践和科研项目，以保持其专业知识的更新和实践能力的提升。政策层面上，政府应通过提供资金支持、职称评定政策的改革等方式，激励教师队伍的专业发展和优化。此外，建立行业与教育部门之间的沟通机制，可以帮助教师更好地了解行业发展动态，从而提升教学内容的时效性和实用性。

校企合作是本科层次职业教育中不可或缺的一环，但当前这一合作模式面临着深化与优化的需求。首先，许多校企合作仅停留在表面，缺乏深入和持续的战略合作。这导致学生实习和项目参与机会的质量不高，无法充分获得实际工作经验。例如，一些合作企业提供的实习岗位仅涉及基础操作，而非学生所学专业的核心技能培训，这种现象在一定程度上限制了学生技能的全面发展。其次，校企合作在资源共享和共同研发方面也存在挑战。许多企业对参与共同研发项目或共享资源持保留态度，担心知识产权和商业机密的泄露。这种顾虑阻碍了双方在技术创新和人才培养方面的深度合作。例如，一些院校与企业合作的研发项目，由于缺乏明确的知识产权分配机制，导致合作成果的应用和推广受限。针对上述挑战，校企合作的深化与优化需要从以下几个方面入手。校企方面，首先，建立长期稳定的合作关系，明确合作双方的权利和义务，以及共同的目标和预期成果。其次，促进资源共享和共同研发，制定明确的知识产权分配和保护机制，以激励企业更积极地参与合作。同时，政府应出台相应的政策，鼓励和支持校企合作，例如提供税收优惠、资金支持等。此外，校企合作还应重视学生的职业发展和就业指导。合作企业可以提供定制化的培训计划，以确保学生的实习经历与其专业发展和未来职业目标相契合。通过这种深入的合作，学生不仅可以获得实际工作经验，还可以提升其就业竞争力。

评价体系和质量保证机制是本科层次职业教育改革中的关键要素，但目前面临着重大挑战。首先，现有的评价体系往往以理论知识考核为主，忽视了实践技能、创新能力和团队协作等重要素养的评估。这种偏向理论的评价方式无法全面反映学生的综合能力，也不能有效激发学生的学习积极性和实践创新能力。例如，某些职业院校的评价体系仍然以闭卷考试为主，对学生的项目实践和技能操作能力评价不足，这与职业教育培养应用型人才的目标不符。其次，质量保证机制的不完善也是一个突出的问题。许多院校缺乏有效的内部质量监控和评估体系，无法及时发现和解决教育过程中的问题。这不仅影响了教育的质量，也影响了院校的声誉和学生的就业前景。例如，一些院校在教育资源配置、教学内容更新和师资队伍建设方面存在缺陷，但由于缺乏有效的内部评估和反馈机制，这些问题长期未得到解决。针对评价体系和质量保证的挑战，本科层次职业教育需要采取一系列改革措施。首先，职业院校需要改革评价体系，使之更加全面和多元化。例如，引入基于项目的评估、同行评价和自我评价机制，以全面评估学生的知识掌握、实践能力和创新能力。其次，职业院校应建立和完善内部质量保证体系，通过定期的教育质量评估和反馈机制，及时发现并解决教育过程中的问题。最后，政府和相关部门应加强对职业教育质量的监督和指导。通过制定明确的教育质量标准和评价指标，以及提供必要的指导和支持，可以帮助院校提高教育质量，从而更好地适应社会和经济发展的需求。

三、本科层次职业教育建设目标与路径

（一）确定本科职业教育的发展目标

在确定本科层次职业教育的发展目标时，首要任务是分析各专业领域的市场需求和未来趋势。例如，近年来，随着数字化和智能化技术的迅速发展，信息技术相关专业的需求显著增长。《国家信息化发展报告（2023年）》指出，信息技术开发与研究、数字营销与市场推广、数据分析与业务咨询类型中，受访企业人才短缺分别达49.6%、36.2%、31.6%。因此，本科层次职业教育需要重点发展这些符合市场趋势的专业。同样，随着社会对健康和福利服务需求的增加，医疗健康相关专业也成为重点发展领域。例如，某职业技术学院近年来增设了康复治疗、护理学等健康科学专业，以适应医疗卫生服务领域的人才需求。专业定位的过程需要密切关注行业动态和就业市场变化，定期进行市场需求分析，并据此调整专业设置和课程内容。通过这种动态调整，本科层次职业教育能够更好地适应市场需求，为学生提供有价值的职业技能和就业机会。

对于本科层次职业教育而言，专业结构的优化和课程的创新是实现教育目标的关键。当前，许多职业技术学院和职业技术大学正面临着课程内容陈旧、无法满足行业新技术需求的挑战。例如，一些院校的传统制造业课程未能及时融入智能制造和自动化技术的最新发展，导致毕业生技能与行业需求脱节。为应对这一问题，院校需要在课程设置上大胆创新，加入更多与行业紧密相关的新技术内容。以某职业技术大学的机械工程专业为例，该校近年

来重点引入了 3D 打印、机器人技术和智能制造等领域的课程，不仅提供理论知识，还设置了实验室和实训基地，使学生能够在学习过程中亲身体验和操作最新技术。此外，该大学还与多家行业领先企业建立了合作关系，为学生提供实习机会，使他们能够在真实工作环境中应用所学知识。除了技术专业，服务业相关专业也需要课程创新。随着服务业的快速发展，旅游管理、酒店管理等专业的课程同样需要结合市场最新趋势进行更新。例如，一些职业院校在旅游管理专业中增加了数字营销、旅游电子商务等课程，以适应数字化时代的需求。

总的来说，专业结构的优化和课程创新需要院校与行业紧密合作，定期进行市场需求分析，确保课程内容与行业发展同步。通过这种方式，本科层次职业教育可以更好地培养符合市场需求的高素质技术技能人才。

在本科层次职业教育中，平衡专业技能训练与综合素质教育是关键的挑战之一。专业技能是职业教育的核心，但在快速变化的职场环境中，学生的综合素质，包括沟通能力、团队合作、批判性思维等，同样不可或缺。因此，院校需要设计课程和教学活动，既重视专业技能的培养，又强调综合素质的提升。深圳职业技术大学的信息技术类专业便是一个良好的例子。该专业不仅提供深入的技术教育，还强调学生的项目管理能力和团队合作精神的培养。通过团队项目和实际案例研究，学生能够在解决实际工程问题的过程中，提升沟通、协作和问题解决等软技能。此外，该学校还开设了一系列非技术性课程，如人文社科和商业管理，以促进学生全面发展。在教学方法上，采用项目式学习和案例教学等方式，可以有效提升学生的综合素质。例如，通过模拟实际工作环境的项目任务，学生不仅可以应用专业知识，还可以在实践中学习团队管理和决策制定等技能。这种教学模式有助于学生在毕业后更快地适应职场环境，提高其综合竞争力。综上所述，本科层次职业教育的发展目标是建立一个全面、多元化的教育体系，不仅重视学生专业技能的培养，还重视学生的综合素质和个人能力的发展。这种平衡为学生未来职业的发展提供了有效的支持。

产教融合是本科层次职业教育实现发展目标的重要途径。这一策略不仅强化了教育与行业之间的联系,而且为学生提供了实际工作环境中的学习机会。产教融合的核心在于将教育内容与行业实践紧密结合,确保学生能够掌握行业最新的知识和技能。例如,深圳职业技术大学的软件工程专业与多家IT企业合作,开展了一系列实践教学项目。学生在这些项目中不仅可以学习最新的软件开发技术,还能参与到真实的软件开发过程中,体验项目管理、团队合作、客户沟通等实际工作。这种实践教学模式有效提升了学生的专业技能,同时也增强了其解决实际问题的能力。此外,校企合作也是推动产教融合的关键。通过建立稳定的校企合作关系,企业可以参与课程设计、提供实习岗位、共享资源等,这不仅增强了教育的实用性,而且为企业培养了符合需求的人才。例如,一些院校与当地企业合作,共同开发了适应区域经济发展的专业课程,如绿色能源技术、智能制造等。产教融合的另一个重要方面是教师队伍的建设。鼓励教师参与行业项目和企业实践,不仅可以提升他们的专业知识和实践经验,还有助于将最新的行业发展趋势带入课堂。这种教师队伍的建设策略能够提高教学内容的时效性和实用性。产教融合和实践教学是本科层次职业教育实现其发展目标的关键。通过这种融合,学生不仅能够获得必要的理论知识,而且能够在实际工作环境中学习和发展,为他们未来的职业生涯奠定坚实的基础。

在确定本科层次职业教育的发展目标时,重视持续教育和终身学习路径的建设是至关重要的。随着技术的快速发展和职业生涯的多样化,为学生提供在毕业后继续学习和发展的机会变得日益重要。持续教育和终身学习不仅有助于个人职业生涯的发展,而且是应对未来职场挑战的关键。举例来说,天津职业技术师范大学针对已就业的校友开展了在线继续教育项目,提供了包括高级技术培训、管理技能提升、行业最新动态等在内的多样化课程。这种模式允许在职人员根据自己的职业发展需求选择合适的课程,从而持续提升自己的技能和知识。此外,本科层次职业教育还应重视与企业和行业的持续合作,以确保教育内容与行业发展同步。通过建立长期的合作关系,学校可以定期获取行业的最新需求和技术发展动态,从而及时更新和调整课程内容，满足学生的继续教育需求。政策层面上，政府和教育管理部门应通过制定相应的政策和提供支持，鼓励本科层次职业教育机构发展持续教育和终身学习项目。例如，提供财政补贴、税收优惠、认证体系建设等支持，可以激励院校开展这些项目，为广大毕业生提供持续学习的机会。持续教育和终身学习路径的建设对于本科层次职业教育的发展至关重要。通过为学生提供继续学习的机会和资源，可以帮助他们适应快速变化的职业环境，持续提升自己的能力和竞争力。

（二）探讨实现这些目标的具体路径和方法

实现本科层次职业教育目标的首要路径是强化产教融合，构建有效的实践教学平台。校企合作模式在此过程中扮演着关键角色，它不仅仅提供学生实习机会，更是将理论教学与实际工作经验相结合的重要桥梁。例如，广州科技职业技术大学与多家地方企业合作，建立了一系列实习基地，这些基地针对机械工程、电子信息工程等专业，提供了实际工作环境中的学习机会。学生在这些实习基地中，不仅能够应用所学知识，还能直接参与企业的实际项目，从而获得宝贵的行业经验。

除了传统的实习基地，一些院校还探索了共建实训中心的模式。此外，校企合作还包括共同开发课程和教材，企业专家参与课程的教学，为学生提供最新的行业知识和技能。这种紧密的合作关系有助于保持课程内容的时效性和实用性，确保学生毕业时具备市场所需的技能。通过产教融合和构建实践教学平台，本科层次职业教育可以更有效地实现其教育目标，为学生提供与未来职业紧密相关的学习机会。

要想实现本科层次职业教育的目标，课程体系的创新和教学方法的改革是至关重要的步骤。课程创新的重点在于确保教学内容与行业需求保持同步，并充分融合理论知识与实践技能。例如，河北工业职业技术大学针对智能制造专业进行了课程体系的全面改革，增加了机器人技术、智能控制系统等新兴技术课程，并通过项目式学习和案例研究的教学方法，使学生能够在解决实际工程问题的过程中，应用所学的理论知识和技术技能。教学方法的创新同样至关重要。传统的教学方法往往侧重于理论讲授，而忽视了学生的实际操作能力和创新思维的培养。为了解决这一问题，一些院校采取了混合式教学、翻转课堂等创新教学模式。例如，苏州市职业大学在电梯类专业中实施了混合式教学，将在线教学资源和面对面教学相结合，提供了更灵活、更个性化的学习体验。同时，通过在课堂上实施小组讨论和项目实践，学生的参与度和实践能力得到了显著提升。此外，引入行业专家作为兼职教师或客座讲师，也是课程创新的一个重要方面。这些专家可以将最新的行业知识和实践经验带入课堂，使学生能够及时了解行业动态，并从中获得实际工作中所需的技能。通过对课程体系和教学方法进行创新，本科层次职业教育可以更好地适应行业发展的需求，有效提升教育质量，确保学生能够在毕业时具备高水平的专业技能和良好的就业前景。

在实现本科层次职业教育目标的过程中，师资队伍的建设和专业发展扮演着至关重要的角色。高质量的教育体验离不开专业且经验丰富的教师。因此，高等职业院校需要采取多元化策略，以加强师资队伍的建设和提升其专业能力。首先，教师的专业发展至关重要。许多院校正在实施教师培训计划，以提升其教学和行业技能。通过这些活动，教师不仅能更新其专业知识，而且能了解教学方法的最新趋势，从而更有效地传授给学生。此外，引入行业专家作为教学人员也是一个有效的策略。这些来自行业的专家可以将实际工作经验和最新行业知识带入教室。例如，湖南汽车工程职业大学在其汽车工程专业中聘请了多位汽车制造行业的资深工程师作为兼职教师，他们不仅教授相关课程，还为学生提供实际工作中的洞见和建议。鼓励教师参与科研和创新活动也很重要。这不仅有助于提升教师自身的研究能力，而且能为学生提供参与实际科研项目的机会，从而增强他们的实践能力和创新思维。例如，浙江药科职业大学的一些教师参与了由政府资助的技术研发项目，学生在这些项目中担任助研角色，获得了宝贵的实践经验。通过强化师资队伍的建设和专业发展，本科层次职业教育能够提供更高质量的教育服务，更好地满足学生的学习需求和职业发展目标。这不仅需要学校的努力，还需要政府和行业的支持和参与。

第四章
本科层次职业教育建设的思考

在本科层次职业教育中,除了专业技能的培养外,学生综合素质的提升和职业规划也是实现教育目标的关键环节。这要求院校不仅提供专业技能培训,还要关注学生的个人发展、职业规划和社会适应能力的培养。为了加强学生综合素质的培养,一些职业技术学院和大学开展了多元化的教育活动。以广东轻工职业技术大学为例,该校通过开设公共选修课程、组织学生社团活动、举办职业技能竞赛等方式,鼓励学生在专业学习之外发展个人兴趣,提升领导力、团队协作能力和社会责任感。这些活动不仅丰富了学生的校园生活,也有助于培养他们成为具有创新精神和社会责任感的职业人才。职业规划教育同样重要。许多院校通过职业规划课程、职业生涯咨询、校友讲座等方式,帮助学生了解不同职业路径,规划自己的未来职业生涯。

在本科层次职业教育中,建立一个有效的持续教育和终身学习体系是确保教育目标实现的另一个关键环节。这种体系旨在提供给毕业生和在职人员持续学习的机会,以应对快速变化的职业环境和技术发展。为了建立这样的体系,一些院校已经开始开展在线教育平台和继续教育课程。例如,重庆机电职业技术大学建立了一个在线学习平台,提供了丰富的继续教育课程,包括新兴技术、管理技能、行业规范等,使在职人员能够根据自己的时间安排和学习需求灵活学习。此外,该校还定期举办研讨会和讲座,邀请行业专家分享最新的行业动态和技术趋势,为学习者提供宝贵的学习资源。一些院校还与企业合作,针对特定行业需求设计定制化的继续教育课程。例如,海南科技职业大学与当地的电子信息企业合作,开发了一系列针对企业员工的专业技能提升课程。这些课程不仅帮助在职员工提升专业技能,还为他们提供了职业发展的新机遇。政府的支持和政策制定也对持续教育和终身学习体系的建立至关重要。政府可以通过提供资金支持、税收优惠、认证制度等措施,激励院校和企业共同推动持续教育的发展。此外,政府还可以通过设立专门的继续教育基金,支持在职人员参加继续教育和培训项目。为了实现本科层次职业教育的目标,建立持续教育和终身学习体系是不可或缺的。这样的体系不仅能够帮助毕业生和在职人员适应持续变化的职业环境,也是个人职业发展和终身学习的重要组成部分。

第五章

现代职业教育体系建设改革的保障机制和评估体系

现代职业教育体系建设改革的保障机制和评估体系建设有利于提供职业教育发展的制度保障和政策支持,激发各方面的积极性和创造性,形成政府、行业、企业、学校协同的发展机制,推动形成同市场需求相适应、同产业结构相匹配的现代职业教育结构和区域布局;有利于建立以质量为核心、以能力为导向、以效果为目标的职业教育评价体系,完善社会评价机制,引导职业学校提升办学质量,促进职业教育与经济社会发展的有效对接,提高职业教育的社会认可度和吸引力。

第五章
现代职业教育体系建设改革的保障机制和评估体系

一、加强组织领导和责任落实，形成央地互动、区域联动、政行企校协同的工作格局

（一）加强顶层设计和组织领导的重要性

在当前中国经济转型和技术革新的大背景下，职业教育体系的改革成为国家战略的重要组成部分。职业教育的改革和发展不仅关系到国家的人才培养和技术创新能力，也是实现经济社会可持续发展的关键。在这个过程中，加强顶层设计和组织领导显得尤为重要。顶层设计不仅为职业教育的发展提供了方向和框架，也确保了政策的连贯性和效率。政策制定的合理性和前瞻性是顶层设计的核心。例如，国务院《国家职业教育改革实施方案》（国发〔2019〕4号）明确指出了职业教育面临的挑战，提出了职业教育改革的总体目标和策略，这一方案不仅强调了产教融合、校企合作，还提出了提高职业教育质量和效益的具体措施。这一方案的制定体现了对国内外职业教育发展趋势的深入理解和对国家未来发展需求的准确把握。在顶层设计的引领下，职业教育改革在全国范围内取得了显著成效。以山东省的职业教育改革为例，该省基于国家政策，制定了符合本地区实际情况的职业教育发展规划，通过整合资源、优化专业结构、强化产教融合等措施，显著提升了职业教育的吸引力和就业率。这一实例表明，有效的顶层设计不仅为职业教育改革提供了明确的方向，也为地方政府的政策制定和执行提供了重要参考。

职业教育改革的成功实践往往依赖于精准而深思熟虑的顶层设计。江苏省职业教育改革就是一个典型例证。在国家职业教育改革的大背景下，江苏省结合自身的经济发展和产业特点，实施了一系列创新举措。江苏省通过建立了以政府为主导、行业指导和企业深度参与的多方协同机制，形成了一套有效的职业教育改革策略。这一机制不仅强化了政府的领导作用，还确保了行业和企业需求能够直接反映到职业教育体系中。通过定期分析行业发展趋

势和人才需求，省教育部门及时调整职业教育专业设置，确保专业设置与市场需求紧密对接。这一举措显著提高了职业教育的适应性和前瞻性，使毕业生的就业竞争力得到了显著提升。此外，江苏省还大力推动校企合作，鼓励职业院校与行业领军企业建立深度合作关系。这种合作不仅涵盖了课程开发、教材编写，还包括学生的实习安排和就业指导。通过这种模式，学生能够在学习期间就接触到真实的工作环境，提前适应未来的职业要求。江苏省职业教育改革的成功实践展示了顶层设计在推动职业教育发展中的关键作用。通过明智的政策选择、创新的合作模式以及对行业需求的敏锐洞察，江苏省的职业教育改革不仅提升了教育质量，也为学生的未来就业和地区经济发展作出了重要贡献。

组织领导在职业教育改革中扮演着不可或缺的角色。有效的组织领导不仅能够确保教育政策的顺利实施，还能促进各方利益的有效协调，从而提升整个职业教育体系的效能。然而，在推进职业教育改革的过程中，组织领导也面临着一系列的挑战。一个突出的挑战是资源的合理分配和利益的平衡。在职业教育改革过程中，资源分配决策对于改革的成败至关重要。例如，重庆市在推进职业教育改革时，面临着资源分配不均和地区发展不平衡的问题。重庆市政府通过制订区域特色发展计划，合理分配教育资源，确保了边远地区和经济欠发达地区的职业教育得到适当的支持。同时，通过与地方企业和行业协会的紧密合作，重庆市职业教育改革得以有效地满足当地劳动市场的需求。除了资源分配，组织领导还需要处理好多方利益的协调。在职业教育体系中，涉及的利益相关者包括政府、教育机构、企业以及学生和家长等。有效的组织领导需要在确保各方利益的同时，促进各方的有效合作。以广东省为例，该省的职业教育改革涵盖了产教融合、校企合作等多个方面。广东省政府通过建立行业指导委员会，邀请行业专家和企业代表参与职业教育改革的决策过程，从而确保改革方案能够真实反映市场需求和行业特点。然而，面对这些挑战，有效的组织领导同样需要创新和适应。例如，在面对新兴技术和行业的快速变化时，领导者需要具备前瞻性思维，能够及时调整教育政策和策略，确保职业教育的持续发展与创新。此外，领导者还需要具备强大的沟通能力和协调能力，以促进不同利益相关者之间的有效沟通和合作。组织领导在职业教育改革中起着至关重要的作用，其责任不仅包括确保政策的有效实施，还包括平衡和协调各方利益，促进教育体系的整体优化与发展。

在职业教育体系建设改革中，央地互动和区域联动是推进改革的关键策略。这种协同机制不仅能够充分发挥中央和地方政府各自的优势，还能促进区域内部以及不同区域间的资源共享和协调合作。央地互动主要体现在中央政府制定全国性的职业教育政策和标准，地方政府则根据本地实际情况进行具体实施和调整。例如，在"双高计划"的推进过程中，中央政府提供了指导原则和政策支持，而地方政府则根据本地区产业结构和发展需求，选择适合的职业院校和专业群进行重点建设。这种协同机制不仅加强了政策的执行力，还增加了改革的灵活性和适应性。区域联动则是通过跨地区合作，实现资源共享和优势互补。在长三角地区的职业教育联动中，上海、江苏、浙江和安徽四省市联合建立了跨区域职业教育协作机制。通过共建实训基地、共享教学资源、联合举办技能大赛等方式，这些地区共同推动了职业教育质量的提升和区域人才培养的优化。这种央地互动和区域联动的协同推进机制，不仅提升了职业教育改革的效率和效果，还促进了区域经济的协调发展。例如，在长江经济带的职业教育改革中，通过区域内各省市的紧密合作，不仅增强了沿线省市的职业教育实力，还促进了区域产业链的升级和转型。央地互动和区域联动在职业教育改革中发挥着不可替代的作用。通过中央政府的指导和地方政府的实施，以及不同区域间的合作和资源共享，职业教育改革能够更加高效、灵活地推进，同时为区域经济的协调发展和全面提升作出重要贡献。

（二）多元主体协同合作机制的构建

职业教育的发展现状要求从传统的单一管理模式转变为多元主体的协同合作模式。这种转变不仅反映了教育管理的现代化趋势，也是应对快速变化的社会经济环境的必然选择。在职业教育体系中，多元主体包括政府、教育机构、企业、行业组织等，各方的合作可以形成更为全面和动态的教育生态系统。多元主体协同合作机制的构建是实现职业教育深度改革的关键。这种机制能够有效地整合各方资源和优势，提高职业教育的适应性和创新能力。例如，政府可以提供政策支持和资源配置，学校和教育机构负责人才培养和课程开发，而企业和行业组织则可以提供实训机会和行业需求信息。实践表明，这种多元主体协同合作机制能够显著提升职业教育的质量和效果。比如，浙江省在职业教育体系中实施的"产教融合"模式就是一个成功案例。该模式通过政府、学校和企业的紧密合作，不仅提升了职业教育的质量和教学水平，还增强了学生的就业能力和创新能力。

多元主体协同合作机制是职业教育改革中的一个核心概念，涉及政府、教育机构、企业和行业协会等多方参与者。这种机制的核心在于通过有效的沟通和合作，实现资源共享、优势互补，从而推动职业教育体系的全面发展。政府在这一机制中扮演着关键角色，主要负责制定政策、提供资金支持、监督执行。政府的参与确保了职业教育改革的方向性和连贯性，同时也为其他合作主体提供了稳定的合作框架和环境。职业教育机构则负责具体的教育实施，包括课程设计、教学和学生培养。企业和行业协会则提供行业需求信息、实习实训机会以及就业渠道，帮助学校更好地了解行业发展动态和人才需求。这种多元主体协同合作机制带来的优势是显而易见的。首先，它提高了职业教育的适应性和灵活性，使教育内容和方法能够快速响应市场和行业的变化。其次，通过校企合作，学生能够获得更多实际操作和实习机会，从而提高毕业生的就业竞争力。最后，这种机制还有助于促进教育创新，通过不同主体之间的交流和合作，可以激发新的教育理念和方法。

第五章
现代职业教育体系建设改革的保障机制和评估体系

在多元主体协同合作机制的具体实践中，一些地区和职业院校的案例展现了这一机制的有效性。这些案例不仅展示了合作机制的具体运作方式，还体现了其在推动职业教育改革中的重要作用。以浙江省为例，该省职业教育改革采用了创新的多元主体协同合作机制。浙江省政府与多家企业建立了合作关系，共同推动了一系列职业教育项目。这些项目包括与阿里巴巴集团合作开展的电子商务专业教育、与吉利汽车合作的汽车工程教育等。这些合作项目不仅为学生提供了接触前沿技术和行业实践的机会，也使得教育内容更加符合行业的实际需求。

此外，四川省的职业教育改革也是一个值得关注的例子。四川省政府通过与当地的重要产业如电子信息、新能源等领域的企业合作，建立了一系列专业实训基地。这些基地不仅为学生提供了实际操作和实习的机会，还有助于教育机构及时了解并应对技术和市场的变化。这些实践案例表明，多元主体协同合作机制能有效地将教育资源与行业需求相结合，提升职业教育的质量和适应性。通过政府的引导、教育机构的专业实施和企业的实际参与，形成了一个互利共赢的职业教育生态系统。

虽然多元主体协同合作机制在职业教育改革中展现了巨大的潜力，但在构建和实施这一机制的过程中，也面临着一系列挑战，需要采取有效的策略来应对。

首先，不同主体间的利益协调是一个重要挑战。在多元主体协同合作机制中，政府、教育机构、企业等各方的利益可能存在差异。例如，企业更关注即时的技能需求和应用型人才，而教育机构可能更加重视长期的教育质量和学生的全面发展。为有效协调这些利益，需要建立一个公正的沟通平台，确保各方意见得到充分表达和平衡考虑。其次，资源的有效整合和利用也是一大挑战。多元主体协同合作意味着来自不同方面的资源需要被有效整合和利用。这要求建立一个有效的资源共享机制，确保资源能够被合理分配和充分利用。例如，可以通过建立联合实训中心、共享教学资源等方式，使学校和企业的资源得到最大化的利用。

二、加大财政投入和政策支持,提高职业教育经费保障水平和使用效率

(一)职业教育财政投入现状与优化策略

从高职教育经费占当年高等学校教育经费百分比来看,职业教育财政投入总体保持稳定,2013 年占比为 18.90%,2020 年为 18.24%,见图 5-1。

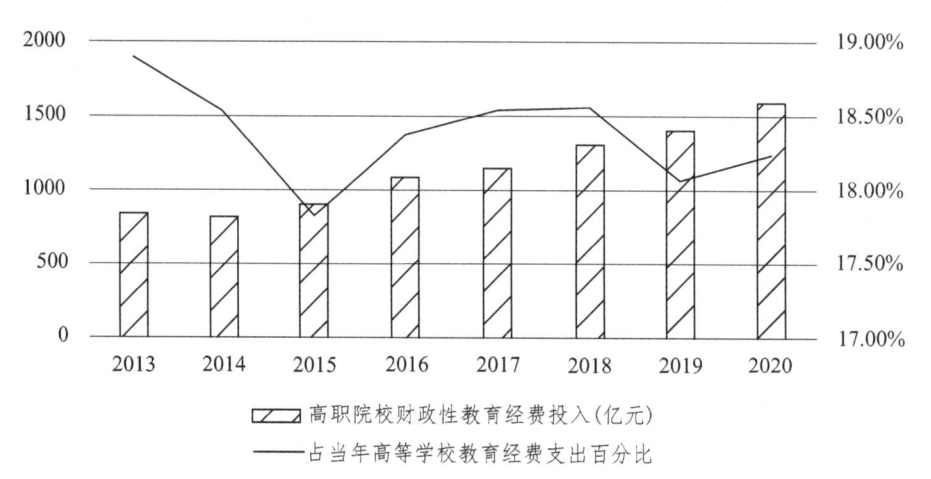

图 5-1 2013—2020 年高职院校财政性教育经费投入占比

然而,尽管对职业教育的总体投入在增长,但是与普通教育相比仍然有很大差距,且职业教育的财政支持在地区间存在显著的不均衡。例如,东部沿海地区由于经济较为发达,此处的职业院校获得了更多的财政资助,其基础设施和教学设备普遍较为先进。与此相对,中西部地区的职业院校在经费上相对匮乏,这导致了这些地区的院校在硬件和教育资源上与东部地区存在差距。

此外,即使在财政支持较为充足的地区,职业院校在资金使用上也面临着效率和效果的挑战。部分学校在资金管理和使用上缺乏透明和高效的机制,导致经费无法最大化地用于提升教育质量。

职业教育的财政投入尽管在增长,但仍面临多方面的问题和挑战。首先

是资金分配的不均衡问题。资金在不同地区间的分配差异显著，造成了资源的地域差异，影响了教育公平。其次，资金使用效率问题同样严重。尽管一些地区的职业院校获得了较多的财政支持，但由于缺乏有效的监管和合理的规划，这些资金的使用效率并不理想。此外，职业教育的财政政策缺乏灵活性和针对性，未能充分考虑到不同地区、不同学校的特殊需求。这导致了一些专业或紧缺人才培养项目的资金不足，无法满足实际的教育需求。

在解决这些问题的过程中，需要综合考虑多重因素。首先，需要建立一个公平和均衡的财政资金分配机制。这意味着财政资金的分配应根据各地区职业教育的实际需求和发展阶段进行调整。例如，可以考虑引入一个以学校规模、地理位置、专业特色和就业质量等因素为依据的动态分配模型，确保资金能够更加公平和有效地分配到需要的地区和院校。其次，提高资金使用效率是解决现有问题的关键。这包括建立更严格的财务管理和监控系统，确保每一笔资金都用于提升教学质量和学生就业能力。例如，学校可以通过定期的内部审计和效果评估来监控资金使用情况，确保资金投入与教学及职业培养目标紧密相关。再次，制定更加灵活和有针对性的财政政策也十分必要。这意味着需要根据不同学校和专业的实际情况，调整财政支持策略。例如，对于与地方经济紧密相关的专业，如高新技术制造、现代服务业等，政府可以提供额外的财政激励，以促进这些领域人才的培养。最后，还应鼓励和发展多元化的资金来源。这不仅包括政府财政投入，还包括校企合作、社会捐赠、校友资助等方式。通过与企业合作，学校不仅可以获得额外的资金支持，还可以确保教学内容和实习机会与行业需求紧密结合。社会捐赠和校友资助则可以为学校提供更多灵活性的资金，用于特定项目或创新实践。通过实施这些策略，可以有效提升职业教育的整体水平和学生的就业能力。均衡的资金分配、提高资金使用效率、灵活的财政政策，以及多元化资金来源的策略，共同推动了职业教育的可持续发展和社会经济需求的匹配。

在构建多元主体协同合作机制中，职业教育财政投入面临诸多挑战，这些挑战不仅涉及资金分配的公平性和透明性，而且包括如何有效整合多方资源以最大化投资回报。职业教育财政投入的优化不仅仅是单纯增加资金的问题，更是如何将政府、企业、社会组织和教育机构的资源有效整合的问题。这需要跨部门、跨领域的协调和合作。例如，如何确保政府的政策导向与企业的实际需求相符合，以及如何促进企业对职业教育的投资和参与。可以成立一个由政府、教育部门、企业代表和行业协会组成的联合委员会，定期召开会议，共同讨论和制订职业教育的发展规划和资金使用计划。此外，通过政策激励和优惠措施鼓励企业参与职业教育投资，如税收减免、政府补贴等。

资金的透明使用和高效管理是财政投入优化中的另一大挑战。需要确保每一笔资金都能够在提升教育质量和就业率方面发挥最大作用。引入第三方评估机构进行定期的财政投入审核和效果评估，以提高资金使用的透明度和效率。同时，建立一个公开的财政支出信息平台，使社会公众能够实时了解资金的流向和使用效果。随着经济和社会的快速变化，职业教育的需求也在不断变化。如何确保财政投入策略能够及时适应这些变化，是另一个关键挑战。解决办法是建立一个动态的财政支持机制，能够根据市场需求和社会发展的变化及时调整资金分配和政策支持。例如，增加对新兴行业和紧缺人才培养项目的投资，减少对传统行业和过剩专业的资金支持。通过面对这些挑战并采取有效的应对策略，可以确保职业教育财政投入的最大效益，促进职业教育体系与国家和地区经济社会发展的紧密结合。

（二）政策支持在提升职业教育效益中的作用

在现代职业教育体系建设改革中，政策支持扮演着至关重要的角色。首先，政策提供了职业教育发展的基本方向和框架，确保教育体系与国家的长远发展规划和战略目标保持一致。通过制定明确的政策目标，如提高教育质量、促进技术创新、强化产教融合等，政府能够指导职业教育体系更有效地服务于社会和经济的需求。政策支持不仅体现在直接的财政投入上，还包括制定相关法规、标准、评估机制等,这些政策工具帮助职业教育体系在运行中保持适应性和灵活性。例如,通过改革教学和评估方法,可以更好地对接市场需求,同时提升学生的实用技能和创新能力。在具体实施中,政策支持对于解决职业教育面临的资金、资源分配、师资质量等挑战至关重要。例如,针对师资问题,政策可以提供专业培训、继续教育的机会,以提高教师的教学能力和行业相关知识。同时,政策还可以通过激励机制,如奖学金、科研资助等,鼓励学校和教师进行教育创新和实践研究。

政策支持在推动职业教育与行业的深度融合方面也发挥着重要作用。通过政策激励,可以促进校企合作,使教育内容和技能培训更加符合实际工作需求。例如,政策可以鼓励企业参与课程设计、提供实习机会,甚至直接参与教育投资和运营,从而实现教育内容的实时更新和优化。政策支持对于确保职业教育系统的有效运行、持续改革和质量提升具有不可替代的作用。未来,政策制定应更加注重实际效果和持续优化,以应对职业教育在新的社会经济环境下的挑战和机遇。

政策支持在提升职业教育的评估和监督机制方面发挥了重要作用。通过建立和完善职业教育质量评估体系,政策确保了教育质量的持续改进。例如,政策鼓励学校采用多元化评估方法,包括学生满意度调查、毕业生就业追踪等,以确保教育质量的持续优化和提升。通过这些具体实施案例,我们可以看到政策支持在推动职业教育创新和发展方面发挥了关键作用。未来,政策制定应更加注重实际效果的评估和持续优化,以应对职业教育在新的社会经济环境下的挑战和机遇。

政策支持在解决职业教育面临的诸多挑战中发挥了至关重要的作用。首先,在对接市场需求方面,政策支持通过促进职业教育与行业紧密合作,确保了教育内容与市场需求的一致性。例如,政策通过鼓励职业学院与企业联合开展课程研发、实训基地建设等方式,使得教育内容更加贴合实际工作需求,提高了学生的就业率和职业技能。在师资培训方面,政策通过提供专业发展机会、设立培训基金等方式，有效提升了教师的教学能力和行业知识。例如，一些地方政府推出的教师技能提升计划，为教师提供了参与行业实践、学习新技术的机会，从而提高了教学质量和学生的学习体验。在资源配置和经费使用方面，政策支持也发挥了关键作用。通过设立专项资金、优化资金分配机制等措施，政策确保了教育资源的高效利用和公平分配。例如，政府通过财政补贴、税收优惠等手段，鼓励企业和私人资本投入职业教育，这不仅缓解了职业学校的经费压力，还促进了教育资源的多元化和创新。

此外，政策支持在促进职业教育国际化方面也发挥了重要作用。例如，一些职业院校实行相关政策，如开展国际合作项目、海外交流等方式，增强了自身的国际视野和竞争力。这些举措不仅提升了学生的跨文化交际能力，还为职业教育体系带来了国际先进的教学理念和实践方法。

政策支持在解决特殊群体教育需求方面也起到了积极作用。例如，针对农村和贫困地区的职业教育政策，通过提供学费补贴、开设特色专业等方式，促进了教育资源的均衡分配，提高了这些地区学生的教育机会和就业能力。

展望未来，职业教育政策支持需要不断调整和优化，以适应快速变化的社会经济环境和技术发展。首先，政策制定需要更加注重市场需求和产业发展的动态变化，确保职业教育内容的及时更新和适应性。例如，政策可以鼓励职业学院与企业、行业组织密切合作，定期评估和更新课程内容，确保教育与实际工作需求紧密对接。其次，政策需要进一步强化职业教育的质量监控和评估机制。建立和完善职业教育质量评估体系，通过定期评审、学生满意度调查、就业追踪等手段，推进教育质量的持续提升。同时，政策应鼓励教育机构进行自我评估和改进，建立健全内部质量保证体系。此外，政策应更加关注教育公平和包容性，特别是针对农村、贫困地区和弱势群体的教育政策。通过提供更多的学费补贴、建立远程教育平台、开设针对性强的专业课程等措施，确保这些群体能够获得高质量的职业教育。

三、完善法规制度和标准规范，规范职业教育办学行为和管理秩序

（一）当前职业教育法规制度的现状与改革需求

1. 职业教育的法规制度面临的新问题和新挑战

职业教育法规制度是指国家为规范和保障职业教育的发展和质量，制定和实施的一系列法律法规和标准规范，包括职业教育的目标、原则、内容、形式、管理、评估、监督等方面的规定和要求。职业教育法规制度是职业教育的基本遵循和重要保障，对于促进职业教育的科学发展，提高职业教育的质量和效益，保障职业教育的公平和权益，维护职业教育的秩序和稳定，具有重要的作用。

当前，我国职业教育法规制度已经形成了以《中华人民共和国职业教育法》为核心，各地方职业教育条例等为支撑，以各级各类职业教育的具体规章制度和标准规范为补充的法规制度体系。这一体系体现了党和国家对职业教育的高度重视和战略支持，为职业教育的发展提供了明确的目标和方向，为职业教育的办学和管理提供了基本的规范和依据，为职业教育的改革和创新提供了强有力的推动和保障。

然而，随着社会经济的快速发展，职业教育的内涵和外延不断拓展，职业教育的需求和期待不断增长，职业教育的形势和任务不断变化，职业教育的环境和条件不断改善，职业教育的问题和挑战不断显现，职业教育的法规制度也面临着新的问题和挑战，需要进一步完善和改革。主要表现在以下几个方面：

（1）职业教育的法规制度存在一些不完善、不协调、不适应的情况。目前，我国职业教育的法律法规还比较分散和零散，缺乏系统性和统一性，有些方面还没有明确的法律法规或者法律法规不够完善，如职业教育的分类、层次、类型、形式、学制、学历、证书、学分、学位等方面的规定，职业教

育的教师、学生、校企合作、社会参与、国际交流等方面的权利和义务，职业教育的财政投入、经费管理、资产处置、收费标准、优惠政策等方面的制度，职业教育的质量标准、评估方法、监督机制、问责制度等方面的规范等。这些方面的不完善，导致职业教育的办学和管理缺乏法律依据和法治保障，影响职业教育的规范化和标准化。

（2）职业教育的法规制度的执行和监督有不到位的情况。目前，我国职业教育的法规制度的执行力度和效果还不够理想，有些法规制度只是形式上存在，没有真正落实到位，有些法规制度在被执行的过程中出现了偏差和滞后，有些法规制度在被执行的过程中遇到了阻力和困难，有些法规制度在被执行的过程中没有得到有效的监督和检查，有些法规制度在被执行的过程中没有及时发现和纠正问题，有些法规制度在被执行的过程中没有严格地问责和处罚。这些方面的不到位，导致职业教育的法规制度的权威性和有效性受到损害，影响职业教育的公信力和公平性。

（3）职业教育的法规制度与国际标准和规范的衔接仍有提升的空间。目前，我国职业教育的法规制度还没有充分参考和借鉴国际上先进的经验和做法，还没有形成与国际上通行的标准和规范相适应的法规制度，还没有建立与国际上有效的对接和互认的机制，还没有实现与国际上广泛的交流和合作的条件。这些方面的问题，导致职业教育的法规制度的开放性和包容性不足，影响职业教育的国际化和竞争力。

（4）职业教育的法规制度与产教融合、职普融通等改革需求不完全匹配。目前，我国职业教育的法规制度还没有充分适应和支持职业教育的改革和创新，还没有为职业教育的产教融合、职普融通、学历证书并重、学分互认、终身学习等改革提供有力的法规制度保障，还没有为职业教育的多元主体、多样化、多途径、多层次、多功能等发展提供灵活的法规制度空间，还没有为职业教育的试点示范、探索创新、突破障碍、解决问题等提供有效的法规制度支持。这些方面的不匹配，导致职业教育的法规制度的创新性和适应性不强，影响职业教育的活力和效率。

2. 职业教育法规制度的总体目标和基本原则

为了适应新时代的发展要求,促进现代职业教育体系的建设和改革,政府必须明确完善职业教育法规制度的总体目标和基本原则,以指导和规范职业教育的法规制度的制定和实施。总体目标是建立一套符合国情、与国际接轨、适应市场、服务人民、保障质量、促进创新的现代职业教育法规制度,为职业教育的高质量发展提供有力的法治保障。基本原则包括以下几点:

(1)坚持以习近平新时代中国特色社会主义思想为指导,贯彻新发展理念。习近平新时代中国特色社会主义思想是我们党的最新成果,是我们党的行动指南,是我们国家的根本遵循,也是我们职业教育的根本指导。我们要深入学习贯彻习近平总书记关于职业教育的重要论述,"在全面建设社会主义现代化国家新征程中,职业教育前途广阔、大有可为"[①]。我们要贯彻新发展理念,坚持以人民为中心,坚持创新驱动,坚持协调发展,坚持绿色发展,坚持开放发展,坚持共享发展,推动职业教育的高质量发展。

(2)坚持立德树人,坚持以人为本、能力为重、质量为要、守正创新。立德树人是教育的根本任务,也是职业教育的根本任务。我们要坚持社会主义核心价值观,培养德智体美劳全面发展的社会主义建设者和接班人,培养有理想、有道德、有文化、有纪律的高素质劳动者和技术技能人才。我们要坚持以人为本,尊重学生的个性和选择,满足学生多样化和个性化的需求,促进学生的全面发展和终身发展。我们要坚持能力为重,注重培养学生的职业能力和职业素养,提高学生的就业创业能力和社会适应能力,增强学生的职业信心和职业荣誉感。我们要坚持质量为要,建立健全职业教育的质量标准和质量保障体系,提高职业教育的教学质量和管理质量,提高职业教育的社会认可度和国际竞争力。我们要坚持守正创新,坚持职业教育的规律和特点,坚持职业教育的传统和优势,坚持职业教育的改革和创新,推动职业教育的转型和发展。

[①] 新华社:《从"大有可为"到"大有作为"——新时代中国职业教育高质量发展综述》,2022年8月18日,https://www.gov.cn/xinwen/2022-08/18/content_5705962.htm。

（3）坚持面向市场、促进就业，坚持面向人人、因材施教。面向市场、促进就业是职业教育的本质属性和重要功能，也是职业教育的价值所在和目标所向。我们要坚持市场导向，紧跟经济社会发展的需求，紧跟产业结构和职业结构的变化，紧跟科技创新和技术进步的步伐，紧跟国际竞争和合作的趋势，培养适应市场需求的高素质劳动者和技术技能人才，为经济社会发展提供有力的人才支撑。我们要坚持就业导向，以就业为导向，以就业为目的，以就业为标准，以就业为结果，提高职业教育的就业率和就业质量，提高职业教育的就业服务能力和水平，为广大劳动者提供有价值的就业机会和有尊严的就业保障。面向人人、因材施教是职业教育的基本理念和重要原则，也是职业教育的公平要求和发展动力。我们要坚持面向人人，实现职业教育的全民化和全域化，为所有适龄人群提供平等的职业教育机会和条件，为所有有意愿的人群提供多样的职业教育选择和路径，为所有有需求的人群提供优质的职业教育服务和保障。我们要坚持因材施教，实现职业教育的个性化和差异化，根据学生的兴趣、特长、能力、发展等因素，提供适合的职业教育内容和形式，提供灵活的职业教育学制和学历，提供有效的职业教育指导和支持。

（4）坚持法治思维和法治方式。法治思维和法治方式是职业教育法规制度的制定和实施的基本要求和重要保障，也是职业教育的法规制度的核心价值和主要特征。我们要坚持法治思维，把法律法规作为职业教育的最高准则和最终裁决，把法律法规作为职业教育的发展和改革的依据和指南，把法律法规作为职业教育的管理和监督的标准和手段，把法律法规作为职业教育的评估和问责的依据和手段。我们要坚持法治方式，依法制定和实施职业教育的法规制度，依法保障和维护职业教育的权益和秩序，依法推动和促进职业教育的发展和改革，依法监督和评估职业教育的质量和效果，依法问责和处罚职业教育的违法和失责。

（5）坚持问题导向和目标导向。问题导向和目标导向是职业教育的法规制度的制定和实施的动力和导向，也是职业教育的法规制度的效果和价值的体现。我们要坚持问题导向，以解决职业教育的发展和改革中遇到的问题和困难为出发点和落脚点，以消除职业教育的法规制度的不完善和不适应为目的和方向，以提高职业教育的法规制度的执行和监督为手段和保障，以增强职业教育的法规制度的创新和适应性为要求和标准。我们要坚持目标导向，以实现职业教育的高质量发展和现代化为根本目标，以建设覆盖全民、服务全域、开放共享、质量优良的现代职业教育体系为总体目标，以培养适应社会主义现代化建设需要的高素质劳动者和技术技能人才为基本目标，以满足人民群众对美好生活的新期待为最终目标。

（6）坚持统筹协调和分级负责。统筹协调和分级负责是职业教育的法规制度的制定和实施的基本方式和重要保障，也是职业教育的法规制度的协同性和有效性的保证。我们要坚持统筹协调，形成央地互动、区域联动、政行企校协同的职业教育法规制度的制定和实施的工作格局，实现职业教育的法规制度的层次之间、领域之间、部门之间、主体之间的有效衔接和协调，避免职业教育的法规制度的重复和冲突，提高职业教育的法规制度的整体性和协同性。我们要坚持分级负责，明确职业教育的法规制度的制定和实施的责任主体和责任范围，实现职业教育的法规制度的层次之间、领域之间、部门之间、主体之间的有效分工和配合，落实职业教育的法规制度的责任和义务，提高职业教育的法规制度的执行力和效果。

（7）坚持改革创新和开放包容。改革创新和开放包容是职业教育的法规制度的制定和实施的动力和导向，也是职业教育的法规制度的活力和竞争力的源泉。我们要坚持改革创新，以职业教育的发展和改革的需求为导向，以职业教育的法规制度的不完善和不适应为契机，以职业教育的法规制度的创新和试点为手段，以职业教育的法规制度的完善和适应为目标，推动职业教育的法规制度的制定和实施的改革和创新，提高职业教育的法规制度的灵活性和前瞻性。我们要坚持开放包容，以职业教育的国际化和开放化的趋势为背景，以职业教育的法规制度的国际接轨和国际合作为目标，以职业教育的法规制度的参考和借鉴为手段，以职业教育的法规制度的开放和包容为原则，推动职业教育的法规制度的制定和实施的开放和包容,提高职业教育的法规制度的兼容性和竞争力。

3. 完善职业教育法规制度的具体措施和建议

为了实现完善职业教育法规制度的总体目标和基本原则,我们必须采取一系列的具体措施和建议,以推动职业教育的法规制度的制定和实施的改革和创新,以提高职业教育的法规制度的效果和价值。具体措施和建议包括以下几点:

(1)加强顶层设计和立法规划,完善法律法规和标准规范。我们要加强对职业教育的法规制度的顶层设计和立法规划,制定职业教育的法规制度的发展战略和发展规划,明确职业教育的法规制度的发展方向和发展目标,确定职业教育的法规制度的发展重点和发展步骤,形成职业教育的法规制度的发展框架和发展路线。我们要完善职业教育的法律法规和标准规范,包括《国家资历框架》等基础性的政策法规,制定和完善《职业教育分类管理办法》《职业教育学历证书管理办法》《职业教育教师资格管理办法》等关键性的法律法规,制定和完善《职业教育质量标准》《职业教育评估标准》《职业教育监督标准》等核心性的标准规范,建立健全职业教育的法律法规和标准规范的体系和框架。

(2)加强法规制度的执行和监督,提高法规制度的权威性和有效性。我们要加强职业教育的法规制度的执行和监督,建立健全职业教育的法规制度的执行和监督的机制和制度,明确职业教育的法规制度的执行和监督的主体和职责,规范职业教育的法规制度的执行和监督的程序和方法,强化职业教育的法规制度的执行和监督的力度和效果。我们要提高职业教育的法规制度的权威性和有效性,增强职业教育的法规制度的执行和监督的意识和责任,提升职业教育的法规制度的执行和监督的能力和水平,保障职业教育的法规制度的执行和监督的公正和公开,落实职业教育的法规制度的执行和监督的问责和处罚。

（3）加强法规制度的评估和修订，提高法规制度的创新性和适应性。我们要加强职业教育的法规制度的评估和修订，建立健全职业教育的法规制度的评估和修订的机制和制度，明确职业教育的法规制度的评估和修订的主体和职责，规范职业教育的法规制度的评估和修订的程序和方法，强化职业教育的法规制度的评估和修订的力度和效果。我们要提高职业教育的法规制度的创新性和适应性，增强职业教育的法规制度的评估和修订的意识和责任，提升职业教育的法规制度的评估和修订的能力和水平，保障职业教育的法规制度的评估和修订的科学和合理，及时发现和解决职业教育的法规制度的不完善和不适应。

（4）加强法规制度的宣传和培训，提高法规制度的认知度和执行度。我们要加强职业教育的法规制度的宣传和培训，建立健全职业教育的法规制度的宣传和培训的机制和制度，明确职业教育的法规制度的宣传和培训的主体和职责，规范职业教育的法规制度的宣传和培训的程序和方法，强化职业教育的法规制度的宣传和培训的力度和效果。我们要提高职业教育的法规制度的认知度和执行度，增强职业教育的法规制度的宣传和培训的意义和重要性，提升职业教育的法规制度的宣传和培训的质量和水平，保障职业教育的法规制度的宣传和培训的广泛和深入，提高职业教育的法规制度的知晓率和遵守率。

（5）加强法规制度的国际交流和合作，提高法规制度的兼容性和竞争力。我们要加强职业教育的法规制度的国际交流和合作，建立健全职业教育的法规制度的国际交流和合作的机制和制度，明确职业教育的法规制度的国际交流和合作的主体和职责，规范职业教育的法规制度的国际交流和合作的程序和方法，强化职业教育的法规制度的国际交流和合作的力度和效果。我们要提高职业教育的法规制度的兼容性和竞争力，增强职业教育的法规制度的国际交流和合作的意义和重要性，提升职业教育的法规制度的国际交流和合作的质量和水平，保障职业教育的法规制度的国际交流和合作的平等和互利，实现职业教育的法规制度的国际接轨和国际合作。

（二）强化标准规范在提升职业教育质量中的关键作用

标准规范是职业教育的基础和保障，是规范职业教育办学行为和管理秩序的重要手段，是提升教育质量的重要依据。标准规范涵盖了职业教育的各个方面，包括职业教育的目标、内容、过程、结果、评价等，是职业教育的规则和指南。2018年教育部发布了《关于完善教育标准化工作的指导意见》，明确指出："标准是可量化、可监督、可比较的规范，是配置资源、提高效率、推进治理体系现代化的工具，是衡量工作质量、发展水平和竞争力的尺度，是一种具有基础性、通用性的语言。近年来，我国教育标准化工作不断加强，制定实施了一系列教育标准，发挥了重要的规范、引领和保障作用。同时，与教育改革发展实践和教育现代化需求相比，教育标准化工作还存在制定标准不够科学规范、组织实施标准不够习惯经常等问题，主要表现在：标准意识不强，标准观念尚未树立，还没有形成事事有标准、按标准办事的习惯；标准体系还不健全，标准供给还存在缺口，部分重点领域标准缺失；标准制定机制不完善，标准化工作的规范性还要进一步提高；标准质量还有待提高，动态调整机制不健全，部分标准存在老化问题；标准实施力度有待加大，实施机制还不完善；教育标准的国际影响力还不强，在国际上认可度不高，等等。"①

标准规范是提升职业教育质量的重要手段和保障，它可以明确职业教育的目标、要求、过程和评价，规范职业教育的行为、活动和管理，促进职业教育的改革、创新和发展。标准规范在提升职业教育质量中的作用主要体现在以下几个方面：

标准规范可以引导职业教育的方向和理念，激发职业教育的动力和活力。《中华人民共和国职业教育法》明确规定"国务院教育行政部门会同有关部门根据经济社会发展需要和职业教育特点，组织制定、修订职业教育专业目录，

---

① 《教育部关于完善教育标准化工作的指导意见（教政法〔2018〕17号）》，2018年11月8日，http://www.moe.gov.cn/srcsite/A02/s7049/201811/t20181126_361499.html。

完善职业教育教学等标准,宏观管理指导职业学校教材建设""行业主管部门、工会和中华职业教育社等群团组织、行业组织可以根据需要,参与制定职业教育专业目录和相关职业教育标准",强调了职业教育标准的重要性,这些规定为职业教育现代化、建设职业教育强国、办好人民满意的职业教育提供了依据。

标准规范可以规范职业教育的内容和形式,保证职业教育的质量和水平,提高职业教育的效率和效果。教育部制定的各类职业学校设立标准、学校建设标准、教育装备标准、教育信息化标准、教师队伍建设标准、学校运行和管理标准、专业和课程标准、教育督导标准、语言文字标准等,为职业教育的各个环节和层面提供了具体的技术要求和质量标准,规范了职业教育的教学、管理、评价等活动,保证了职业教育的质量和水平,提高了职业教育的效率和效果。

标准规范可以促进职业教育的改革和创新,适应职业教育的发展和需求,满足职业教育的多样和个性。教育部推进的职业教育改革,就是通过制定新的职业教育方案和标准,改变传统的职业教育评价导向,打破唯分数、唯升学的顽瘴痼疾,促进职业教育的课程改革和教学改革,满足学生的多元化和个性化的发展需求。

总之,标准规范是提升职业教育质量的重要手段和保障,是职业教育改革和发展的基础和动力,是职业教育现代化和职业教育强国的必然要求。我们应该增强标准意识和标准观念,形成按标准办事的习惯,提升运用标准的能力和水平,充分发挥标准的支撑和引领作用。因此,完善标准规范在提升职业教育质量中的关键作用,是职业教育法规制度和标准规范的重要内容和重要任务,是职业教育现代化和高质量发展的重要保障和重要推动,是职业教育改革和创新的重要需求和重要动力,是我们必须高度重视和积极推进的重要工作。

四、构建科学有效的评估体系，促进职业教育质量提升和监督问责

（一）职业教育评估体系的重要性及其构建原则

职业教育评估体系是指对职业教育的各个要素、各个环节、各个层次、各个结果进行全面、系统、科学、有效的评价的一整套规范、方法、程序和机制。职业教育评估体系包括评估目标、评估主体、评估对象、评估标准、评估内容、评估方法、评估程序、评估结果、评估反馈等组成要素，以及相互联系、相互协调、相互支撑的评估关系。职业教育评估体系是职业教育质量保障体系的重要组成部分，是职业教育改革发展的重要手段和工具，是职业教育监督问责的重要依据和保障。职业教育评估体系在推动现代职业教育高质量发展中发挥着重要作用，主要体现在以下几个方面：

职业教育评估体系可以明确职业教育的办学方向和培养目标，为职业教育的规划和实施提供指引和导向，促进职业教育与国家战略、产业发展、社会需求的对接，提高职业教育的适应性和有效性。要建立健全职业教育国家标准体系，包括职业教育专业目录、职业教育教学资源、职业教育质量评估等，为职业教育的专业设置、课程开发、教学实施、质量评价提供统一的标准和规范，为职业教育的人才培养和服务功能提供统一的依据和参考。

职业教育评估体系可以规范职业教育的办学条件和办学行为，为职业教育的管理和监督提供保障和支撑，促进职业教育的规范化和标准化，提高职业教育的公平性和可信度。要建立健全职业教育办学条件、办学质量、办学效果等方面的监管评价机制，加强对职业教育的动态监测、定期评估、及时反馈、有序问责，为职业教育的各类学校和机构、各类教师和学生、各类证书和学历提供必要的保障和支撑，为职业教育的各类质量问题和风险问题提供有效的监督和处理。

职业教育评估体系可以明确职业教育的教学内容和教学方法，为职业教

第五章
现代职业教育体系建设改革的保障机制和评估体系

育的教学和学习提供依据和参考，促进职业教育的创新化和实践化，提高职业教育的质量和水平。要构建具有类型特色的职业教育评价体系，包括以能力为导向的教学评价、以过程为重点的教学评价、以实践为基础的教学评价、以反馈为目的的教学评价等，为职业教育的课程设置和课程教学、教学过程和教学结果、教学实践和教学创新、教学质量和教学效果提供明确的依据和参考，将职业教育的教学内容和教学方法与职业实际和技术发展相结合，为职业教育的教学创新和教学实践的开展和推广提供有效的支撑和引领。

职业教育评估体系要明确职业教育的评价标准和评价方式，为职业教育的评价和认定提供依据和参考，促进职业教育的评价化和反馈化，提高职业教育的效果和价值。要完善办学质量监管评价机制，包括学校自评、社会评价、专家评估、政府监督等多元评价方式，为职业教育的质量评估、技能等级认定、学历证书管理、质量监督等提供明确的依据和参考，使职业教育的各类评价和认定与职业资历和职业标准相对接，使职业教育的各类评价和认定的效果和价值得到社会和市场的认可，为职业教育的质量提升和质量保障提供有效的反馈和激励。

职业教育评估体系应以服务学生全面发展和经济社会发展为出发点和落脚点，要以人为本，以能力为重，强化无感评价。以培养学生的职业核心能力和职业素养为主要目标，以评价学生的职业技能和职业适应性为主要内容，以促进学生的就业创业和职业发展为主要效果，以满足学生的个性化和多样化需求为主要导向，以激发学生的学习兴趣和学习动力为主要手段，以关注学生的学习过程和学习体验为主要关注点，以尊重学生的学习主体和学习选择为主要原则，以保障学生的学习权利和学习机会为主要责任，构建符合职业教育特点和规律的评估体系。

职业教育评估体系应以促进产教融合、校企合作、工学交替为主要途径，以教促产，以产助教。以提高职业教育的服务能力和服务水平为主要目的，以反映职业教育的服务质量和服务效果为主要内容，以促进职业教育的服务创新和服务拓展为主要效果，以满足产业发展和企业需求为主要导向，以激发产业发展和企业参与为主要手段，以关注产业发展和企业反馈为主要关注点，以尊重产业发展和企业需求为主要原则，以保障产业发展和企业利益为主要责任，构建符合产教融合特点和规律的评估体系。

职业教育评估体系应以提高职业教育的质量和效益为根本目标，以质为本，以效为先。以评价职业教育的质量和效益为主要内容，以促进职业教育的质量和效益的提升和保障为主要效果，以满足社会和市场对质量和效益的期待为主要导向，以激发职业教育的质量和效益的改进和创新为主要手段，以关注职业教育的质量和效益的监测和评估为主要关注点，以尊重职业教育的质量和效益的规律和特点为主要原则，以保障职业教育的质量和效益的实现和提高为主要责任，构建符合质量和效益导向的评估体系。

职业教育评估体系应以推动职业教育的改革和创新为主要动力，以改为要，以新为魂。以评价职业教育的改革和创新为主要内容，以促进职业教育的改革和创新为主要效果，以满足职业教育的改革和创新的需求和挑战为主要导向，以激发职业教育的改革和创新的动力和活力为主要手段，以关注职业教育的改革和创新的过程和结果为主要关注点，以尊重职业教育的改革和创新的规律和特点为主要原则，以保障职业教育的改革和创新的实施和推进为主要责任，构建符合改革和创新导向的评估体系。

因此，构建科学有效的评估体系，是职业教育现代化和高质量发展的重要保障和重要推动，是职业教育改革和创新的重要需求和重要动力，是我们必须高度重视和积极推进的重要工作。

（二）职业教育质量提升的监督问责机制

职业教育质量提升的监督问责机制是指对职业教育的质量状况、质量问题、质量效果进行全面、及时、有效的监督检查，并对监督发现的问题和不良行为进行严肃的问责处理的一整套制度和措施。施行职业教育质量提升的监督问责机制的目的是促进职业教育的质量提升和质量保障，推动职业教育的改革发展和创新进步，满足社会和市场的质量期待和需求，保障学生和社会的质量利益和权益。

监督问责是提升教育质量的关键机制，是教育督导工作的重要内容，是教育改革发展的重要保障，是教育公平公正的重要手段，是教育现代化的重要推动。根据《教育督导条例》等法律法规，国家建立健全教育督导制度，实行教育督导全覆盖，对教育质量进行全面、系统、科学、有效的监督评价，并对监督发现的问题和不良行为进行严肃的问责处理。

目前职业教育质量提升的监督问责机制还不完善，存在督导力量不足、督导方式不科学、督导结果不公开、督导问责不严格等问题，导致职业教育质量提升的动力不足、效果不明显、效益不突出。具体问题如下：

（1）督导力量不足。职业教育督导的专业性、复杂性、技术性较高，需要具备职业教育的专业知识、专业技能、专业素养的督导人员，但目前职业教育督导的队伍建设还不够强大，督导人员的数量、结构、水平、能力等还不适应职业教育的发展需要，督导人员的培训、考核、激励、保障等还不够完善，督导人员的工作积极性、主动性、创造性等还不够高，督导力量的不足影响了督导工作的质量和效果。

（2）督导方式不科学。职业教育督导的方式方法应该与职业教育的特点和规律相适应，注重实践性、创新性、参与性、反馈性等，但目前职业教育督导的方式方法还不够科学，过于依赖书面材料、形式程序、数量指标等，忽视实地调查、现场考察、案例分析等，过于强调结果评价、总结报告、奖惩措施等，忽视过程监测、问题发现、改进建议等，督导方式的不科学影响了督导工作的针对性和有效性。

（3）督导结果不公开。职业教育督导的结果信息应该公开及时透明，接受社会公众和教育相关方的监督和评价，但目前职业教育督导的结果信息还不够公开透明，缺乏有效的信息发布、信息共享、信息反馈等机制，督导结果信息的获取、使用、传播等受到限制，督导结果信息的价值和作用没有得到充分发挥，督导结果的不公开影响了督导工作的公正和公信。

（4）督导问责不严格。职业教育督导的问责制度应该严格执行，对监督发现的问题和不良行为进行严肃的问责处理，但目前职业教育督导的问责制度还不够严格，缺乏有效的问责标准、问责程序、问责方式、问责力度等，对监督发现的问题和不良行为的处理存在宽松、表面、走形的情况，没有形成有力的问责震慑，督导问责的不严格影响了督导工作的权威和效果。

完善职业教育质量提升的监督问责机制，需要从以下几个方面着手：一是加强组织领导，明确监督问责的主体、对象、内容、方式、程序和责任；二是完善监督标准，建立职业教育质量提升的评价体系、指标体系、评价方法和评价机制；三是创新监督方式，运用大数据、云计算、人工智能等现代信息技术，提高监督的科学性、有效性和实时性；四是强化监督结果，实行公开透明、分级分类、分层次的监督问责制度，对监督发现的问题和不良行为，及时采取约谈、通报、问责等措施，形成有力的监督震慑和激励机制；五是营造监督氛围，加强对监督问责工作的宣传和引导，增强社会公众和教育相关方的监督意识和参与度，形成全社会共同关注和支持职业教育质量提升的良好局面。具体措施如下：

（1）加强组织领导。要明确职业教育质量提升的监督问责的主体、对象、内容、方式、程序和责任，建立健全职业教育质量提升的监督问责的组织体系和工作机制，形成上下联动、内外协同、多元参与的监督问责格局。要加强对职业教育质量提升的监督问责的统筹协调和指导督促，明确各级各类教育主管部门和学校的监督问责的职责和权限，规范各级各类教育督导机构和人员的监督问责的职责和权限，加强对职业教育质量提升的监督问责的计划安排和任务分配，加强对职业教育质量提升的监督问责的督导检查和考核评价，加强对职业教育质量提升的监督问责的业务培训和能力建设，加强对职业教育质量提升的监督问责的经费保障和物资保障，确保职业教育质量提升的监督问责工作有序开展，有效落实。

（2）完善监督标准。要建立职业教育质量提升的评价体系、指标体系、评价方法和评价机制，制定科学合理、具有操作性和指导性的监督标准，为职业教育质量提升的监督问责提供明确的依据和参考。要根据职业教育的特点和规律，结合国家和地方的实际情况，制定符合职业教育的办学方向、培养目标、教学内容、教学方法、教学效果等方面的监督标准，涵盖职业教育的各个要素、各个环节、各个层次、各个结果，体现职业教育的实践性、创新性、参与性、反馈性等特点，反映职业教育的质量状况、质量问题、质量效果等内容，为职业教育质量提升的监督问责提供明确的依据和参考。

（3）创新监督方式。要运用大数据、云计算、人工智能等现代信息技术，提高职业教育质量提升的监督问责的科学性、有效性和实时性，为职业教育质量提升的监督问责提供新的手段和工具。要建立健全职业教育质量提升的监督问责的信息平台，实现职业教育质量提升的监督问责的信息采集、信息分析、信息发布、信息共享、信息反馈等功能，实现职业教育质量提升的监督问责的信息化、智能化、网络化、可视化等特征，提高职业教育质量提升的监督问责的科学性、有效性和实时性。

（4）强化监督结果。要实行公开透明、分级分类、分层次的监督问责制度，对监督发现的问题和不良行为，及时采取约谈、通报、问责等措施，形成有力的监督震慑和激励机制，为职业教育质量提升的监督问责提供有效的保障和支撑。要及时公开职业教育质量提升的监督问责的结果信息，接受社会公众和教育相关方的监督和评价，增强职业教育质量提升的监督问责的公正性和公信性。根据职业教育质量提升的监督问责的结果信息，对监督发现的问题和不良行为进行严肃的问责处理，对监督发现的优秀成果和先进典型进行表彰奖励，形成有力的监督震慑和激励机制。

（5）营造监督氛围。要加强对职业教育质量提升的监督问责工作的宣传和引导，增强社会公众和教育相关方的监督意识和参与度，形成全社会共同关注和支持职业教育质量提升的良好局面，为职业教育质量提升的监督问责提供广泛的支持和参与。要充分利用各种媒体和渠道，及时发布职业教育质量提升的监督问责的政策文件、工作动态、结果信息等，宣传职业教育质量提升的监督问责的重要性和紧迫性，引导社会公众和教育相关方正确理解和积极支持职业教育质量提升的监督问责工作。要广泛听取社会公众和教育相关方的意见和建议，充分发挥社会组织、行业协会、企业单位、专家学者、教师、学生等的监督作用，建立健全职业教育质量提升的监督问责的社会参与机制，形成多元化、多层次、多渠道的监督问责网络，为职业教育质量提升的监督问责提供广泛的支持和参与。

完善监督问责机制是推动现代职业教育高质量发展的必然要求，是提高职业教育质量和效益的有效途径，是培养高素质技术技能人才的重要保障，是满足经济社会发展需求的重要举措，是促进教育公平和社会公正的重要手段。呼吁各级各类教育主管部门和职业院校，以习近平新时代中国特色社会主义思想为指导，深入贯彻落实党中央、国务院的决策部署，坚持以人民为中心的发展思想，坚持问题导向和目标导向，坚持依法治教，坚持改革创新和质量提升，坚持内涵发展和可持续发展，切实加强职业教育质量提升的监督问责工作，努力培养更多高素质技术技能人才，为全面建设社会主义现代化国家提供有力的人才支撑和技能保障。总之，完善职业教育质量提升的监督问责机制，是职业教育现代化和高质量发展的重要保障和重要推动，是职业教育改革和创新的重要需求和重要动力，是我们必须高度重视和积极推进的重要工作。

参考文献

[1] 潘海生，林晓雯. 三教协同创新系统下现代职业教育体系改革的系统逻辑[J]. 高校教育管理，2024（2）：1-9.

[2] 杨广俊. 我国高等职业教育经费投入的现实状况与优化思考[J]. 中国职业技术教育，2023（24）：75-83.

[3] 张宏亮，籍东晓，吕利平. 人口出生率下降对未来职业教育的影响分析[J]. 天津职业大学学报，2023，32（6）：27-31，43.

[4] 李长生，许竹宁. 职业教育在巩固脱贫攻坚成果助力乡村振兴战略中的对策分析[J]. 产业与科技论坛，2023，22（19）：60-62.

[5] 陈明建，屠明将. 职业教育适老化的缘起、样态与路向[J]. 河北师范大学学报（教育科学版），2023，25（5）：114-119.

[6] 郭日发，周潜. 我国职业教育信息化回顾与展望：阶段、特征和路径[J]. 电化教育研究，2024（3）：46-53.

[7] 李护君. 新时代职业教育教师的适应性发展：内涵阐释、基本表征及实践路径[J]. 教育理论与实践，2024，44（6）：42-46.

[8] 李武玲，贺静，谢红霞. 中国式现代化背景下职业教育产教融合"四轮驱动"体系构建与实施路径[J]. 教育与职业，2024（3）：37-41.

[9] 刘延翠，路宝利. "合供"视角下职业教育现场工程师培养的合作机理与优化路径[J]. 中国职业技术教育，2024（3）：28-35.

[10] 管恩京，张鹤方，黄玉环，等. 课程联盟机制下MOOC教学绩效的影响因素研究：以高校教师视角为例[J]. 现代教育技术，2024，34（2）：90-98.

[11] 周建松，陈正江. 深化现代职业教育体系建设改革研究[M]. 杭州：浙江工商大学出版社，2023.

[12] 马廷奇，等. 制造强国视域中的现代职业教育体系建设[M]. 武汉：武汉大学出版社，2023.

[13] 闫智勇，吴全全. 现代职业教育体系建设目标研究[M]. 重庆：重庆大学出版社，2017.